KB059852

철학으로
휴식하라

철학으로 휴식하라

회복과 치유를 위한
33일간의 철학 세러피

안광복 지음

사ㅁ계절

뼈에 금이 갔다면 무조건 멈춰 서야 한다. 깁스를 하고 나을 때까지 충분히 휴식을 취해야 할 테다. 이는 당연한 '상식'이다. 마음이 부서졌을 때는 어떻게 해야 할까? 삶이란 상처받음의 연속이다. 그럴 때마다 우리는 멈춰 서서 다친 곳을 치료하려 할까? 나아가 상처가 아무는 데는 시간이 필요하다. 과연 우리는 마음의 패인 곳이 아물고 후유증이 남지 않을 만큼 넉넉하게 휴식 시간을 가질까?

대부분의 사람들은 이렇게 하기가 쉽지 않다. 현대인은 너무 바쁘고 여유가 없는 탓이다. 뼈가 다쳤음에도 파스를 붙이고 진

통제를 먹으며 달리는 모습은 안쓰럽다. 급한 마음과 달리 속도는 나지 않고 상태만 더 안 좋아질 것이다.

터지고 부어오른 마음으로 버거운 일상에 허덕이는 처지도 이와 다를 바 없다. 어찌어찌 일상을 꾸려 간다 해도, 마음에 흉터는 크게 남는다. 이렇게 남은 상처는 두고두고 삶의 곳곳을 건드리며 자신을 힘들게 한다. 트라우마(trauma)란 이를 일컫는 말이겠다. 별것 아닌 일에도 불퉁거리거나 예민해진다면, 내 안에 배려받지 못한 아픔이 원인일지도 모른다.

그래서 지그문트 프로이트 같은 분석심리학자들은 덮어 버린 마음의 상처들을 헤집으며 애써 드러내려 했다. 아픈 곳을 찾아내야 치료도 가능한 까닭이다. 하지만 세월이 흘러 더께가 두껍게 덮이면 아픔의 근원들은 찾기도, 치유하기도 쉽지 않다. 가장 좋은 방법은 다쳤을 때부터 마음의 상처가 쌓이지 않도록 잘 치료하는 것이리라.

이와 더불어, 평소에 마음의 근육을 튼실하게 단련했다면 어지간한 마음의 병은 감기처럼 가볍게 지나가 버린다. 임상철학자로서, 철학 교사로, 철학 상담자로서 내가 매달리는 작업은 이렇듯 영혼을 건강하게 가꿔 주는 일이다.

즉시 낫는 상처는 없다. 회복에는 시간이 필요한 법, 마음의 병은 더더욱 그렇다. 충분히 아파하고 고민하며 의미를 찾고 교훈을 얻을 때, 비로소 영혼에는 훈장 같은 굳은살이 박인다. 나아가, '자연 치유'가 언제나 바람직하지는 않다. 긴 고통의 시간이 돌이키지 못할 만큼 영혼을 피폐하기 만들기도 하는 탓이다. 제대로 된 진단과 처방이 있어야 아픔이 지혜로 자라날 수 있다. 즉, 마음의 고통은 마땅한 시기에, 마땅한 정도로, 마땅한 방법으로 겪어낼 때만 성장통(痛)으로 거듭난다. 이를 위해서는 마땅한 철학 처방전이 필요하다.

이 책에는 힘든 마음을 다독일 서른세 개의 가르침이 담겨 있다. 나의 글은 쉽다. 환자용 죽을 끓이듯, 약해진 영혼이 손쉽게 소화할 수 있도록 철학의 고갱이를 짧고 간명하게 풀어놓았다. 하지만 아무리 좋은 약도 한 번에 입에 왕창 털어 넣었다간 치료는커녕 부작용으로 고생할 뿐이다.

내가 소개할 서른세 개의 지혜도 그렇다. 철학은 내용 이해만큼이나 생각을 묵히며 성찰을 재우는 과정이 중요한 분야다. 독자들께 '식후 30분마다' 약을 먹듯, 천천히 여유를 갖고 꾸준히 읽어 나가시길 당부 드린다. 글을 읽은 시간만큼 사색하고 그

내용을 글로 정리한다면, 철학 처방전인 이 책의 효능은 한껏 높아질 듯싶다. 부제에 '33일간의 철학 세러피'라고 기간을 명시한 이유도 여기에 있다.

책의 제목은 "자주 철학으로 돌아가 휴식을 취하라."는 마르쿠스 아우렐리우스의 『명상록』 구절에서 가져왔다. 마르쿠스 아우렐리우스를 비롯한 스토아 철학자들은 일상에서 자기만의 '작전 타임'을 가질 줄 알았다. 번다한 일상에서 주기적으로 벗어나 사색하는 시간을 가졌다는 뜻이다.

아무리 바빠도 밥 먹고 화장실 갈 시간은 있어야 하는 법, 성찰의 시간도 다르지 않다. 하루 15분, 30분이라도 조용히 물러나 삶이 제대로 가고 있는지 돌아볼 여유를 가지시길 바란다. 『철학으로 휴식하라』는 이를 위한 좋은 길잡이가 될 것이다.

이 책은 『열일곱 살의 인생론』(2010), 『도서관 옆 철학카페』(2014), 『서툰 인생을 위한 철학 연습』(2015)을 잇는 연장선 위에 있다. 각각에는 임상철학자로서 철학 상담을 위해 정선한 콘텐츠들이 담겨 있다. 아울러, 이 책의 원고들은 SERICEO 등 여러 곳에 실은 글들을 다듬어 모은 것이다. 마감의 압박이 언제나 극도의 긴장과 고통을 안김에도, 집필은 매우 중독성이 큰 작업이다. 숱한 연구와 고민을 통해, 절실했던 지혜가 영글며 마음이 차분해지는 까닭이다. 지천명에 이른 내가 가꾼 소박한 지성의 열매들이 부디 독자 여러분께도 변화의 씨앗이 되었으면 하는 바람이다.

이후에 철학에 대해 더 심도 있게 알고 싶은 분들께는 마르쿠스 아우렐리우스의『명상록』과 세네카의『화에 대하여』, 키케로의『의무론』같은 스토아 철학자들의 책들을 권해 드린다. 무엇보다 이들은 지식보다 혜안이 필요한 생활인들을 위한 철학, '삶의 방식으로 철학'(philosophy as a way of life)을 펼친다는 점에서 매력적이다.

마지막으로, 감사의 말을 전할 차례다. 사계절출판사 정은숙 팀장은 나와 20년 가까이 함께 한 편집자다. 이제는 지음(知音)이라는 표현이 당연하게 다가오는 동갑내기 친구인 정 팀장에게 고마운 마음을 전한다. 졸고를 옥고로 다듬어 '완벽함'이 무엇인지 일깨워 주신 송남경 피디께도 감사를 드린다.

분석심리학자들에 따르면, 어린 시절 받은 마음의 상처는 쉽게 사라지지 않는다고 한다. 그러나 유년기에 누렸던 사랑이 평생 삶을 지탱하는 힘이 된다는 사실도 놓쳐서는 안 된다. 주말에만 찾아오는 '막내'를 애타게 기다리시던 외할머니가 나는 여전히 그립다. 세상이 모두 내게 등을 돌린 듯한 시기에도, 외할머니에게 나는 보석같이 소중한 아이였다. 외할머니의 사랑과 기도가 없었다면 나는 아무것도 아닌 존재이리라. 이제는 스무 살 청년으로 자라난 아들 종석과 딸 지원이에게 내가 받은 사랑을 이 책에 담아 전해 주고 싶다. 아빠의 사랑이 부디 아름다운 두 아이의 미래를 밝혀 주기를. 연로하신 부모님과 형제들, 헌신한 아내에 대한 감사는 감히 표현할 말이 없다.

2020년 4월

안광복

차례

4장   세상에 맞설 용기가 필요할 때

5장 미래를 여는 혜안이 필요할 때

1장

상처받은 영혼이

위로를 바랄 때

'창백하고 푸른 작은 점'(Pale Blue Dot),

천문학자 칼 세이건은 지구를 이렇게 부른다.

우주의 관점에서 보면 지구도 한낱 점에 지나지 않는다.

마음이 너무 괴롭고 힘들다면,

영원의 관점에서 그대의 현실을 바라보라.

철학은 높은 곳에서 인생을 바라보게 한다.

철학이 자아 회복력(Self Resilience)을 높이기 위한

최고의 수단인 이유다.

Day-1

자주 철학으로 돌아가
휴식을 취하라

_ 마르쿠스 아우렐리우스

마음을 괴롭히는 일 때문에

불행하다 말하지 말고, 이를 슬기롭게 이겨 내는 것이

바로 행복의 지름길임을 기억하라.

치솟는 감정 다스리기

로마 제국 하드리아누스 황제의 성격은 불같았다. 그는 가장 현명했던 황제로 손꼽히지만, 화가 났을 때는 전혀 다른 사람이 되었다. 한번은 대수롭지 않은 일로 너무 화가 나서 옆에 있던 노예의 눈을 바늘로 파내라고 명령했다. 얼마 후, 제정신으로 돌아온 하드리아누스는 자신의 행동을 무척 후회했다. 사과하는 심정으로 그는 조심스레 노예에게 물었다. "내가 너에게 무엇을 해 주었으면 좋겠느냐? 원하는 것은 무엇이든지 들어주마." 그러자 노예는 이렇게 답했다. "제 눈을 원래대로 되돌려 주십시오. 제가 바라는 전부입니다." 이 말을 들은 하드리아누스의 심정은 어땠을까?

스토아 철학자들은 이런 부류의 이야기를 사람들에게 수없이 들려준다. 순간의 분노가 돌이키지 못할 참극으로 이어질 수 있음을 경고하기 위해서다. 하지만 치솟는 감정을 다스리기가 어디 쉽던가. 순간을 참지 못하고 성질대로 저지른 일들은 우리 일상 곳곳을 상처와 후회로 가득 채우곤 한다. 그렇다면 어떻게 해야 분노와 화를 잘 다독일 수 있을까? 로마의 황제이자 철학자인 마르쿠스 아우렐리우스(Marcus Aurelius, 121~180)는 이 물음에 대해 훌륭한 답을 일러 준다.

스스로 들어야 할 충고를 들려주라

"잘못을 저지른 자 역시 나와 같은 인간임을 명심하라. 그는 단지 무지한 탓에 일을 벌였을 뿐이다. 그들도 나와 마찬가지로 머지않아 죽게 될 운명이다. 이를 깨닫는 순간 깊은 애정이 마음에서부터 우러나와 사랑을 베풀 것이다. 굳건하게 이성적으로 처신한다면, 그들은 당신의 마음을 상하게 할 수는 있어도 그대를 더 나쁘게 만들지는 못한다."

"끊임없이 파도가 부딪혀 와도 끄떡없이 버티며 물결을 달래는 갯바위처럼 살아라. 이런 일이 하필이면 왜 나한테 일어났냐며 한숨 쉬지 마라. (……) 너의 마음을 괴롭히는 일 때문에 불행하다 말하지 말고, 이를 슬기롭게 이겨 내는 것이 바로 행복의 지름길임을 기억하라."

아우렐리우스의『명상록』에 나오는 구절들이다. 하나같이 깊은 영감과 깨달음을 안기는 명언이다. 하지만 화와 짜증이 머리를 가득 채운 상황에서 과연 이런 문구들이 떠오를 리 없다.

운동선수들은 시합 때만 근육을 쓰는 것이 아니다. 평소에 꾸준히 근육을 키워야 실전에서 뛰어난 기량을 펼칠 수 있다. 감정 다스리기도 마찬가지다. 스토아 철학자들은 화와 분노를 '일시적 광기'(temporary madness)라 부른다. 엄청난 에너지로 이성의 통제를 벗어나려는 감정의 고삐를 단단히 붙잡으려면 일상에서 끊임없이 영혼을 갈고닦아야 한다.

그래서 마르쿠스 아우렐리우스는 "자주 철학으로 돌아가 휴식을 취하라."고 충고한다. 숨 가쁜 일과 가운데서도 짬짬이 숨을 돌리고 자신의 감정을 되짚어 보며 필요한 충고를 스스로에게 들려주라는 뜻이다. 실제로 아우렐리우스는『명상록』의 구절들을 변방의 군대 막사에서, 전투가 한창인 가운데 잠깐 찾아든 고요 속에서 쓰곤 했다.

분노와 화는 언제든 나를 덮칠 수 있는 광기다. 여기에 휘둘리는 상황은 내 인생에 회복 못 할 재앙이 되곤 한다. 그대는 마음속에 웅크리고 있는 야수에 맞서기 위해 어떤 노력을 하고 있는가? 그대는 마땅히 들어야 할 충고들을 자신에게 들려주며 마음을 다독이고 있는가? "자주 철학으로 돌아가 휴식을 취하라."는 마르쿠스 아우렐리우스의 충고를 가슴에 새기고 또 새길 일이다.

Day-2

내가 바란다고
우주가 가던 길을 바꾸지 않는다

_바뤼흐 스피노자

태풍이 부는 까닭은
내 인생을 결딴내기 위해서가 아니다.
내 일상을 힘들게 하려고
경제 상황이 꼬여 버린 것도 아니다.
'필연을 받아들이고 사랑하는 자세'는
삶의 고통을 누그러뜨린다.

다툼이 벌어진 데에는 분명 이유가 있었다. 하지만 치열하게 싸우다 보면 정작 왜 치고받는지를 까맣게 잊어버린다. 정신이 온통 어떻게 해야 한 대라도 더 때릴지, 상대를 좀 더 아프게 할지에만 매달리는 탓이다. 그러니 싸움이 깊어질수록 상황은 점점 나빠지기만 한다. 내가 이기면 상대는 복수심에 더 달려들 테고, 내가 지면 나는 원한에 시달릴 테다. 갈등을 풀기 위해서는 어떻게 해야 할까?

무엇보다 상대에게 상처 주는 짓부터 멈추어야 한다. 그런 다음 왜 싸우는지 깊이 고민해 보라. 전문가들은 좀처럼 흥분하지 않는다. 감정에 휘둘리지 않고 이성이 진단하는 바에 따라 냉정하게 잘잘못을 가려 나간다. 이렇게 할 때에야 비로소 길길이 날뛰던 감정도 꼬리를 내린다.

스피노자(Baruch Spinoza, 1632~1677)의『에티카』는 무척 어렵다. '기하학적 질서에 따라' 바람직한 삶의 자세를 하나씩 '증명'하기 때문이다. 공리, 정리 등으로 수학 공식 다루듯 내용이 이어지기에 따라가기가 벅차다. 그러나『에티카』를 곱씹다 보면 마음이 평온해진다. 영혼은 길들이기 나름이다. 꾸준한 운동으로 근육을 키운 사람은 어지간한 오르막이 겁나지 않는다. 마찬가지로 한결같은 독서와 사색을 통해 합리적으로 판단하는 습관을 키운 사람은 격한 감정에 휩싸이지 않는다.

스피노자는 '감정의 철학자'라 불린다. 그는 삶을 나락으로 이끄는 마음의 고통이 왜 생기는지, 여기에서 벗어나려면 무엇을 해야 하는지에 매달렸다. 『에티카』에는 힘든 심정을 다스리는 법에 대한 스피노자의 가르침이 오롯이 담겨 있다.

느껴지는 대로 느껴서는 안 된다

스피노자는 먼저 즐거움과 고통이 무엇인지부터 묻는다. 그리고 이를 코나투스에 근거해 설명한다. '코나투스'(conatus)는 살아 있는 모든 것들의 기본 욕망이다. 곧 자기 생명을 보전하고 강하게 만들고픈 욕구다. 즐거움은 자신의 생존에 도움이 되는 일들을 겪을 때 생긴다. 맛있는 음식을 먹거나 푹 자고 났을 때의 쾌감 등이다. 반면, 고통이란 나의 생활을 위협하고 미래를 어둡게 만드는 것에 대해 느끼는 감정이다. 배고픔, 졸림, 적에 대한 분노 등이 여기에 해당한다.

그러나 우리는 감정을 느껴지는 대로 느껴서는 안 된다. 예컨대, 배고픔이 꼭 고통이기만 할까? 비만과 당뇨에 시달려 체중을 줄여야 하는 사람에게 배고픔은 마땅히 견뎌야 할 '좋은 감정'이다. 그에게 '나쁜 감정'이란 달고 짠 먹거리가 주는 짜릿함, 든든한 위장이 주는 느긋함일 것이다.

좋은 인생을 사는 이들은 쾌락을 좇지 않고 겪어야 할 감정을 묵묵히 받아들인다. 뚝심 있는 지도자는 주변의 비난을 기꺼이 견딘다. 훌륭한 연구자는 시간이 오래 걸리고 지원도 시원찮은 과제를 맡더라도 불평하지 않는다. 불안을 다독이며 이루어야 할 성과에 집중할 뿐이다. 뛰어난 군인도 힘든 상황을 두려워하지 않는다. 이기기 위해 반드시 겪어야 할 고통임을 아는 까닭이다.

이들 모두는 눈앞의 쾌락을 멀리한다. 그렇다고 삶이 더 나빠질까? 결과는 오히려 반대일 것이다. 그들은 '더 좋고, 더 큰 욕망'을 꿈꾸고 바라기에 인생을 더 높고 바람직한 수준으로 올려놓는다. 스피노자는 우리에게 작은 욕망을 넘어 큰 욕망을 꿈꾸라고 말한다. 어떻게 해야 이런 '경지'에 이를 수 있을까?

사탕을 빼앗긴 어린아이는 목청 높여 운다. 어른들은 다르다. 사탕이 없다 해도 내 인생에 큰 고통이 되지 않음을 알기 때문이다. 그래서 스피노자는 결과보다 원인을 바라보라고 충고한다. '빅 픽처'(big picture)를 그리라는 의미다. 거듭 강조하지만, 감정을 느껴지는 대로 느껴서는 안 된다. 고통이 왜 나에게 찾아왔는지, 아픔이 내 인생에서 갖는 의미가 무엇인지를 따져 물어야 한다.

성인병에 시달리기에 체중을 줄여야 한다는 사실을 깨달은 사람에게 배고픔은 당연히 '견뎌야 하는 고통'이다. 성적을 올리기 위해서 학습량을 늘려야 한다는 사실을 절절하게 깨달은 학생은 졸음을 기꺼이 참아 낸다. 지금 자신의 행동이 나중에 얻을 더 좋은 결과의 '원인'이 됨을 알기 때문이다.

스피노자는 이런 자세를 인생 전체로 넓혀 보라고 말한다. 태풍이 부는 까닭은 내 인생을 결딴내기 위해서가 아니다. 내 일상을 힘들게 하려고 경제 상황이 꼬여 버린 것도 아니다. 세상은 되어야 하는 대로 흘러갈 뿐이다. "필연을 받아들이고 사랑하는 자세"는 삶의 고통을 누그러뜨린다.

세상 모든 일들의 원인을 알지 못할 때 인생은 파도에 휩쓸리는 모래알과 같다. 닥치는 상황들이 너무나 막막해, 왜 나에게 이런 일이 벌어지는지 억울하기만 하다. 반면, 파도가 왜 치는지를 아는 사람은 현실을 냉정하게 받아들이며 어려움을 차분히 이겨 나간다.

스피노자는 "신(神)에 대한 지적(知的) 사랑"을 강조한다. 우주는 거대한 섭리에 따라 흘러갈 따름이다. 내가 바란다고 우주가 가던 길을 바꾸지는 않는다. 행복은 세상이 내게 주는 선물이 아니다. 훌륭한 삶이란 슬픔과 고통을 기쁨과 보람으로 바꾸어 나가는 과정이다.

그대는 눈앞의 고난과 아픔에 전전긍긍하는가, 아니면 모든 것의 원인을 차분히 따지며 '어쩌지 못할 상황'에 담담히 맞서는가? 이 물음에 어떤 대답이 나오는가에 따라 그대 인생의 행복과 불행은 갈린다. 차분한 마음으로 『에티카』의 이야기에 귀를 기울여 보라.

Day-3

못생겨도 괜찮고
못 배워도 괜찮다

_소크라테스

그대는 사랑받기 위해 태어난 사람이다.

건강한 육체에 깃든 건강한 정신이야말로

최고의 매력 포인트다.

'소크라테스를 닮았다.'는 말의 의미

소크라테스(Socrates, 기원전 470?~기원전 399)는 무척 못생겼다. 그가 살던 시절, 아테네에서는 '소크라테스를 닮았다.'는 말이 정말 추한 외모를 뜻하는 표현으로 쓰이기까지 했다.

한번은 소크라테스가 어떤 청년에게 자신과 비슷하다며 칭찬을 했다. 그 청년이 정색을 하며 이렇게 대꾸했다. "제가 선생님처럼 똑똑한 것은 맞지만 외모는 전혀 다르거든요." 이 말에 소크라테스가 당황했다는 기록이 남아 있다. 소크라테스의 피부는 꺼끌꺼끌하고 눈은 개구리처럼 툭 튀어나왔다. 입술도 두껍고 코는 납작했다. 소크라테스의 조각상들을 찬찬히 살펴보면, 얼마나 대단한(?) 외모를 갖추고 있는지를 알 것이다.

하지만 그는 늘 인기 만점이었다. 아테네 최고의 미남 알키비아데스, 귀족 청년 플라톤, 갑부였던 크리톤 등 가장 잘나가던 사람들이 그와 어울리려 애를 썼다. 지독하게 못생긴 소크라테스에게 사람들이 매력을 느낀 이유는 무엇일까?

살갑고 깊은 관계 맺기와 외모는 별 상관이 없다

사람들은 예쁘고 잘생긴 이들을 선망한다. 그러나 그들을 꼭 좋아하는 것은 아니다. 질투가 나서 멀리하거나 뒤에서 욕하는 경우도 적지 않다. 훈남, 훈녀 옆에 서 있으면 자신이 추레하게 느껴지기 때문이다.

평범하거나 못생긴 사람들과 있을 때는 어떨까? 비교를 내려놓기에 마음이 편해지는 경우도 많다. 외모가 떨어지는 분들의 성격이 밝고 건강하다면 친근감까지 밀려들지 모르겠다. 소크라테스가 이런 사람이었다. 그의 외모를 가지고 누가 놀리면, 소크라테스는 "내 눈이 게처럼 툭 튀어나와서 더 잘 볼 수 있고, 돼지처럼 들창코라 냄새도 잘 맡지. 당나귀 같은 입술 덕택에 뽀뽀도 더 잘할 수 있다오!"라며 너스레를 떨곤 했다.

밝고 건강하며 배려심 있는 사람과 조각같이 예쁘고 잘생기기만 한 사람, 그대는 누구와 깊은 관계를 꾸려 가고 싶은가? 멋진 외모는 사람들의 마음을 훈훈하게 만들긴 한다. 그러나 살갑고 깊은 관계를 가꾸는 것과 외모는 별 상관이 없다. 그렇다면 우리는 외모 가꾸기보다 따뜻하고 튼실한 정신을 갖추는 데 더 힘을 쏟아야 하지 않을까?

물론 소크라테스도 자신의 몸에 신경을 많이 썼다. 그래서 한겨울에도 외투 없이 다니고, 밤새 춤추고 놀아도 다음 날이면 다시 생생하게 돌아다닐 만큼 건강했다. 나이 칠십에 사약을 마시고도 바로 죽지 않아서, 당황한 간수가 독기가 퍼지도록 감옥 안을 천천히 걸어 보라는 충고를 할 정도였다. 화가 다비드도 〈소크라테스의 죽음〉에서 소크라테스를 탄탄한 근육질 몸매를 갖춘 노인으로 그렸다. 건강을 지키기 위한 노력은 정말 중요하다. 건강하기 위해 몸을 가꿀수록 마음도 밝고 유쾌해지는 까닭이다. 이런 차원에서 소크라테스는 몸을 가꾸라고 적극 권하곤 했다.

그러나 이 수준을 넘어 예쁘고 잘생기고 싶다면 어떨까? 소크라테스는 인류 역사상 가장 유명한 철학자다. 소크라테스가 이름을 남긴 까닭이 멋진 외모를 갖췄기 때문일까? 과학자나 예술가, 정치가들은 또 어떤가? 그들 가운데 외모 덕분에 역사에 남은 사람이 몇이나 있을까? 명성을 누리고 사랑을 받는 길은 외모에 있지 않다. 친절하고 긍정적이며 상대방을 편안하게 만드는 마음을 갖추고 있다면, 그 사람은 충분히 매력적이다.

가난하고 못 배웠다는 사실이 '최고의 스펙'이 되려면

소크라테스는 가난했다. 아버지는 석수장이었고 어머니는 아기를 받는 산파였다. 그가 아마 글자도 읽을 줄 몰랐을 거라고 추측하는 학자들도 많다. 하지만 가난하고 못 배웠다는 사실은 소크라테스에게 '최고의 스펙'이었다. 자신이 많이 떨어진다고 느꼈기에, 어떤 사람을 만나건 진심으로 존중하고 열심히 귀를 기울였을 것이다. 상대방을 최고로 대우하며 한마디도 놓치지 않으려고 애쓰는 사람을 싫어할 수는 없는 법이다. 소크라테스가 바로 그런 사람이었다.

금수저, 외모 지상주의자, 스펙 과시자들 때문에 주눅 들 때면 소크라테스를 떠올려 보라. 못생겨도 괜찮고 못 배워도 상관없다. 가진 것도 전혀 문제되지 않는다. 어찌 되었건 그대는 사랑받기 위해 태어난 사람이다. 건강한 육체에 깃든 건강한 정신이야말로 최고의 매력 포인트다.

Day-4

인생의 모든 순간에
주인공일 필요는 없다

_공자

관객의 역할은 스타만큼이나 중요하다.

애정 어린 눈으로 바라보며 박수 쳐 주는 관객들이 없다면

스타도 없다.

지천명의 나이, 지혜를 잃어버리다

지폐에 그려진 인물들의 모습은 대개 오십 살 무렵이다. 돈에 그려진 세종대왕, 이이 등의 얼굴을 보라. 오십까지 살지도 못한 신사임당조차 50대의 중후한 여인으로 그려져 있다. 공자(公子, 기원전 551~기원전 479)는 50대를 '지천명'(知天命)이라 했다. 하늘의 뜻을 헤아릴 만큼 지혜로운 나이라는 의미다. 오십은 커리어(career)의 정점에 이르는 시기다. 풍부한 경험을 바탕으로 깊은 판단이 가능한 나이이기도 하다. 이쯤 되면 지폐 속 인물들이 왜 50대의 모습인지 짐작될 만하다. 하지만 현대 사회에서 50세는 예전만큼 대접받지 못한다. 왜 그럴까?

예전 농촌 사회에서 '나이는 곧 지혜'였다. 사람들은 대부분 태어난 마을에서 살다가 죽었다. 어떻게 해야 할지 모르는 일이 생기면 주민들은 마을의 노인을 찾았다. 노인은 일어날 만한 일들을 대부분 경험했고, 어떻게 행동해야 가장 좋은 결과를 낳을지도 짐작하고 있었기 때문이다. 하지만 이제는 초등학교, 중고등학교, 직장의 친구가 모두 같은 경우는 무척 드물다. 이사가 잦을뿐더러 일터도 계속 바뀌는 탓이다. 쌓아 온 경험은 새로운 마을과 일터에서 별로 쓸모가 없다. 이런 현실에서 나이는 자산(資産)이 아닌 부담일 뿐이다. 지금의 50대들은 젊은이들에게 뭐라 충고하기가 두렵다. 그랬다간 '꼰대'라는 비아냥거림을 받기 십상이어서다.

이제 50대들은 체력에서는 20대에게 밀리고 적응하는 면에서는 30대에게 뒤진다. 판단의 순발력에서도 40대보다 못하다. 어디서나 환영받지 못하는 '정리 해고'의 나이일 뿐이다. 그래서 50대들은 나이를 되돌리려 애쓴다. 체력을 기르고 젊은 문화를 익히려 애쓰며, 나이 든 티를 내지 않으려 한다. 이렇게 하는 것이 현명하다 할 수 있을까?

'스무 살다움'과 '50대다움'

아무리 노력해도 흐르는 세월을 거스르지는 못한다. 젊어지려고 애쓰는 모습은 '꼰대스러움'만큼이나 애처롭다. 스무 살은 스무 살다운 풋풋함을 풍길 때 가장 아름답다. 50대도 마찬가지 아닐까? 50대도 50대다울 때 멋지고 당당하다. 그렇다면 '50대다움'이란 무엇일까?

인간 뇌의 무게는 몸무게의 50분의 1 정도다. 그럼에도 몸 전체 에너지의 20퍼센트를 쓴다. 진화생물학자들은 그 이유를 인간관계에서 찾는다. 무리 지어 사는 동물인 인간이 상대의 감정을 헤아리며 갈등을 줄이는 데에는 적잖은 공력이 필요하다. 사람의 뇌는 사회생활을 꾸려 나가기 위해 커질 수밖에 없었다. 이 점에서 보면 뇌는 50대에 이르렀을 때 가장 뛰어날 테다. 중년들은 젊은이들처럼 감정에 휘둘리지 않을뿐더러, 산전수전 다 겪었기에 상대의 처지를 헤아릴 줄 아는 까닭이다.

관객의 역할도 스타만큼이나 중요하다

인생의 모든 순간에 내가 주인공이어야 할 필요는 없다. 관객의 역할은 스타만큼이나 중요하다. 애정 어린 눈으로 바라보며 박수 쳐 주는 관객들이 없다면 스타도 없다. 50대는 박수 받는 나이가 아니라 박수 치는 나이여야 한다. 자신이 주인공으로 나서기보다, 주인공으로 자라나는 세대를 격려하고 따뜻하게 손

잡아 주는 나이여야 한다는 뜻이다.

노안으로 흐릿해진 눈과 세상에서 밀려나고 있다는 생각은 마음을 초조하게 한다. 하지만 지천명의 지혜란 욕심을 내려놓고 따뜻한 마음을 틔우는 데 있다. '인생 100세 시대', 나이에 걸맞은 지혜에 대해 고민해 볼 일이다.

Day-5

다 이기려 하지 마라

_마이클 월저

> 저마다의 보석 같은 성과들이 묻히지 않도록
>
> 서로를 살피고 칭찬하는 문화 속에서
>
> 보상은 제대로 효과를 낸다. 나에게도 인정받을 무엇인가가
>
> 있다면 상 받는 이에 대한 질투심도 수그러든다.

알렉세이 스타하노프는 '노동 영웅'이었다. 광부였던 그는 똑같은 시간 동안 여느 노동자의 14배에 달하는 석탄을 캐냈다. 스탈린은 그를 '새로운 인민의 표상'으로 추켜세웠다. 그러곤 그의 이름을 따, 열심히 일하는 일꾼들에게 '스타하노프 노동자'라는 상을 주었다. 소련에서 이런 칭호를 받았다는 사실은 최고의 영예로 꼽혔다.

하지만 정작 스타하노프 노동자로 뽑힌 사람은 동료들에게 왕따를 당하곤 했다. 왜 그랬을까? 주변의 누군가가 탁월한 실적을 올렸다고 해 보라. 그러면 나머지 사람들은 피곤한 처지에 놓인다. 상사로부터 왜 그만큼 못하냐며 닦달만 당할 테다. 성과 독촉에 시달리다 보면 "당신 혼자 잘났어?"라는 비아냥거림이 절로 튀어나온다. 열심히 일하라고 주는 상이 되레 뛰어난 사람들을 움츠러들게 하고, 조직을 분란에 휩싸이게 하는 모양새다.

지도자가 카리스마 넘쳐 조직을 쥐락펴락하는 곳에서는 보상이 오히려 '스타하노프 노동자' 칭호 같은 부작용을 낳기 쉽다. 사람들은 인정받으려면 권력자의 눈에 들어야 한다는 사실을 안다. 그래서 그의 마음에 들기 위해 아득바득한다. 정말 자신의 노력이 집단 전체에 이익이 되는지는 나중 문제다. 일단 자신이 리더의 마음에 들어야 보상과 명예를 챙길 수 있는 탓이다.

이렇듯 권력자 한 사람으로부터만 인정과 보상이 비롯되는 상황이 건강할 리 없다. 야심을 품은 이들은 리더의 눈에 들기 위해 '사내 정치'를 벌일 것이고, 소심한 대다수 사람들은 동료들의 질시를 받을까 두려워 적당히 일하곤 한다. 그래서 미국의 정치 철학자 마이클 월저(Michael Walzer, 1935~)는 칭찬과 보상은 모두가 수긍하는 분위기에서 주어져야 한다고 강조한다.

응분의 몫은 상황에 따라 다르다

월저는 공화정 시기에 로마에서 벌어졌던 개선식을 바람직한 사례로 꼽는다. 개선식은 로마인이 누릴 수 있는 최고의 영예였다. 모든 시민들은 개선식 주인공에게 진심으로 박수를 보냈다. 그가 위협적인 적을 무릎 꿇리거나 재난을 막아 공동체 전체에 이익을 주었다는 사실이 분명했기 때문이다. 이렇듯 칭찬과 인정은 받아 마땅한 '응분의 몫'이었을 때 제대로 효과를 낸다.

그렇다면 받아 마땅한 '응분의 몫'이란 무엇일까? 유치원에는 상이 참 많다. 달리기 상, 책 읽기 상, 질서 지킴이 상, 정리 잘하기 상, 편식 안하기 상 등, 아이들이 생각할 수 있는 거의 모든 칭찬거리에 상이 주어진다. 어른들의 세계는 정반대다. 상을 받을 수 있는 항목이 몇 개 되지 않을뿐더러, 보상 또한 '돈'과 '지위'로 단순화된다. 때문에 보상을 받은 사람이 모든 인정을 독차지하는 꼴이 되어 버린다. 이런 상황을 월저는 칼 마르크스(Karl Marx, 1818~1883)가 들었던 사례를 인용해 설명한다.

> "나는 추하고 못생겼다. 그러나 나는 부자다. 그래서 가장 아름다운 여인도 사귈 수 있다. 따라서 나는 추하지 않다. 나는 혐오스럽고 밉살스러우며 어리석다. 그래도 나는 돈을 가졌다. 때문에 나는 괜찮은 사람이다."

과연 여인들이 돈 자랑하는 이 사람을 진심으로 존경하고 사랑할까? 그럴 것 같지 않다. 겉으로는 미소 지을지 몰라도 뒤에서는 수군거리며 욕할 것이다. 칭찬과 보상이 주어져야 할 '응분의 몫'은 상황에 따라 다르다. 사람들은 '잘생긴 청소부'가 아니라 '성실하고 꼼꼼한 청소부'를 높이 산다. 마찬가지로 훌륭한 판매원의 기준은 '사장님과의 좋은 관계'가 아니라, '친절한 고객 응대와 정직함'이어야 한다. 펀드 매니저 또한 돈이 많아서가 아니라 시장 분석이 정확하고 예측력이 높아서 존경받아야 한다.

좋은 사회에는 서로 침범할 수 없는 벽이 있다

월저는 이 모두는 '돈으로 바꿀 수 없다'며 목소리를 높인다. 이쯤 되면 업무 평정을 할 때 조직원들의 마음이 왜 언짢아지는지 이해된다. 리더가 인정하는지에 따라서만 나의 가치가 결정될 때, 나아가 주어지는 돈의 액수와 지위의 높낮이로만 내 노력의 성패가 가늠될 때, 대다수는 좌절감에 휩싸인다.

월저는 좋은 사회에는 성실함, 정직함, 배려 깊음, 꼼꼼함 등 모든 가치 사이에 "서로 침범할 수 없는 벽"이 있다고 말한다. 유치원생들은 대부분 자존감이 높고 표정도 밝다. 저마다 칭찬받을 거리가 하나씩 있기 때문이다. 반면, 나이 먹을수록 자신감은 점점 떨어지며 낯빛도 어두워진다. 세상의 인정을 받는 길이 돈과 명예, 권력 등 몇 개로 단순화되는 탓이다.

월저는 '다원적 평등'을 강조한다. 이는 "어떤 측면에서는 존경받지 못할 사람들도 다른 면에서는 명예롭게 될 수 있는 상태"를 뜻한다. "다 이기려 하지 마라."는 충고는 좋은 사회를 가꾸는데에 있어 영원한 진리다.

저마다의 보석 같은 성과들이 묻히지 않도록 서로를 살피고 칭찬하는 문화 속에서 보상은 제대로 효과를 낸다. 나에게도 인정받을 무엇인가가 있다면 상 받는 이에 대한 질투심도 수그러든다. 내가 속한 집단은 과연 구성원 하나하나의 노력을 보듬을만큼 다양한 평가 잣대를 갖고 있을까?

Day-6

번아웃 탈출을
이끄는 의미 찾기

_아우구스티누스

인생에서 가장 중요한 물음은
"행복해지기 위해 우리는 무엇을 해야 할까?"이다.
그러나 우리 대부분은 이 질문을
"성공하려면 무엇을 해야 할까?"로 바꾸어 던지곤 한다.

아우구스티누스(Aurelius Augustinus, 354~430)는 잘나가는 젊은이였다. 그는 로마 제국 말기 북아프리카의 타가스테에서 나고 자랐다. 영재성이 있었던 그는 대도시 카르타고로 유학을 떠나 공부했고, 수도 로마에서 교사 생활을 하다가 밀라노의 수사학 담당 교수로 초빙되었다. 요새로 치자면, 그는 아이비리그 출신의 전도 유망한 엘리트 변호사였던 셈이다.

하지만 아우구스티누스의 마음속에는 행복이 없었다. 출세와 성공이 이어질수록 초조함과 불안감만 커질 뿐이었다. 더 높은 자리에 오르고 싶다는 욕망, 더 많은 부귀영화를 누리지 못한다는 안타까움이 머리를 가득 채웠다. 갈수록 다른 사람들의 평가에 민감해졌고, 사소한 비판에도 신경이 예민해졌다.

어느 날, 그는 황제를 찬양하는 글을 멋들어지게 써서 관료들에게 칭찬을 받았다. 물론 본심을 감추고 출세를 하기 위해 거짓되게 쓴 것이었다. 그런데 아우구스티누스는 깊은 회의에 빠지고 말았다. '나는 왜 이런 일을 하고 있을까?' 명예와 부귀에 대한 욕망은 그에게 "갈수록 달라붙는 죽음의 끈끈이"처럼 여겨졌다. 지금으로 치자면, 아우구스티누스는 열심히 달리던 젊은이가 빠지곤 하는 소진 증후군, 즉 '번아웃 신드롬'(burnout syndrome)에 빠졌던 듯싶다.

성공이 곧 행복은 아니다

그를 번아웃 상태에서 *끄*집어낸 이는 밀라노 거리의 거지였다. 어디서 배부르게 얻어먹고 술도 한잔 걸친 거지의 표정은 무척 행복해 보였다. 아우구스티누스는 이보다 몇백 배는 부유했고 지위도 높았다. 그런데도 마음은 거지보다 가난했다. 늘 아직 부족하다는 생각, 경쟁자에게 밀릴지 모른다는 절박함에 휘둘릴 따름이었다. 도대체 뭐가 문제일까?

아우구스티누스가 고민 끝에 내린 결론을 요약하면 이렇다. 인생에서 가장 중요한 물음은 "행복해지기 위해 우리는 무엇을 해야 할까?"이다. 그러나 우리 대부분은 이 질문을 "성공하려면 무엇을 해야 할까?"로 바꾸어 던지곤 한다. 하지만 성공이 곧 행복은 아니다. 부귀영화가 곧 인생의 목표인 것도 아니다.

천하를 차지하고도 마음은 지옥이라면 무슨 소용이 있겠는가.

인간은 모두 죽는다. 신이 아니기에 완전하지도 못하다. 그렇기에 자신의 빈 부분을 채워 줄 무언가를 끊임없이 원한다. 그것이 바로 '사랑'이다. 아우구스티누스는 사랑을 큐피디타스(cupiditas)와 카리타스(caritas)로 나눈다. 큐피디타스는 덧없는 것들에 대한 집착이다. 명예와 권력, 돈에 대한 갈구가 여기에 해당한다.

술을 즐기는 사람은 늘 더 많은 알코올을 원한다. 중독성이 있는 탓이다. 그런데 술을 더 마셔도 즐거움이 커지지 않는다면 술잔을 내려놓아야 한다. 출세를 향한 욕망도 마찬가지다. 성공으로 나아가는 길이 불안을 잠재우지 못한 채 부담과 초조함만 갈수록 늘어나고 있다면, 우리는 다른 방식으로 행복을 좇아야 한다.

아우구스티누스는 행복하기 위해서는 카리타스, 즉 영원한 존재, 신에 대한 사랑을 하라고 말한다. 아우구스티누스는 가톨릭의 성인(聖人)이기도 하다. 하지만 그의 말을 꼭 종교적으로 받아들일 필요는 없다. 소설가 루이스는 파티에 처음 나간 청년을 예로 들어 카리타스의 의미를 설명한다.

젊은이는 남들이 자신을 어떻게 생각할지에 민감할 테다. 자신의 말 한마디, 복장, 동작 하나하나가 모두 신경 쓰인다. 반면, 정작 파티에서 좋은 인상을 주고 인기를 끄는 사람은 자신이 아닌 남들에게 관심을 기울인다. 참석한 사람들 하나하나에 주의를 기울이며 배려를 담아 질문을 하는 이를 떠올려 보라. 자신에게 애정 어린 관심을 보이는 이를 싫어할 사람이 있겠는가.

스스로를 낮추고 부족함을 받아들여라

나 자신에게 집착하는 마음을 내려놓고 스스로에게 물음을 던져 보라. 나는 사람들이 좀 더 행복해지는 일, 좀 더 나은 세상을 만드는 일을 하고 있는가? 진정한 평온과 행복은 이 물음에 자신 있게 답할 수 있을 때 열린다.

아우구스티누스는 케노시스(kenosis), 즉 겸손을 강조한다. 인간은 신이 아니다. 나는 결코 완전하지 않으며 그 무엇도 혼자 할 수는 없다. 무엇이건 다 이룰 수 있다는 마음은 교만이다. 스스로를 낮추고 부족함을 받아들일 때, 불안과 초조는 사라질 것이다.

번아웃 상태에 빠졌을 때 휴식과 여행은 요긴한 처방이긴 하다. 그러나 쉬고 돌아와도 치열한 경쟁은 이내 나의 에너지를 또다시 바닥내 버릴 테다. 진정 번아웃에서 벗어나고 싶다면 '의미 찾기'부터 제대로 해야 한다.

> "내가 하는 일이 내가 사랑하는 동료들에게, 가족들에게 어떤 의미가 있을까?"
> "내가 하는 일이 세상을 좀 더 아름답고 완전하게 만들어 주고 있는가?"

이 두 물음에 밝은 얼굴로 답할 수 있다면, 기분을 회색으로 물들이던 헛헛함과 피곤함은 옅어질 것이다. 속도보다 중요한 것은 방향이다. 나의 치열한 노력이 큐피디타스에 가까운지, 카리타스와 비슷한지를 곰곰이 따져 볼 일이다.

Day-7

노예는 반복하지만
자유인은 성찰한다

_아리스토텔레스

통찰은 게으름이 주는 선물이다.

워커홀릭들은 여가를 불편해한다.

이들은 자유인일까, 일상의 노예일까?

지나친 집중은 독이다

저격수들은 과녁만 들여다보지 않는다. 몇 발 쏘고 난 뒤 조준경에서 시선을 떼고 주변을 둘러보는 훈련을 한다. 왜 그럴까? 과녁만 노려보고 있으면 주위의 위협을 눈치채지 못하는 탓이다. 지나친 집중은 되레 독이 된다.

일도 마찬가지다. 업무에만 매달리는 삶은 위험하다. 치열한 생존 경쟁, 초를 다투는 일이 어디 한둘이던가. 하루 종일 과제에 아득바득 매달리다 보면 시야는 극도로 좁아진다. 계속 바라보면 바늘만 한 결함이 태산같이 느껴지기도 한다. 그래서 어느덧 불거진 진짜 위기를 눈치채지 못하기도 한다. 엄청나게 고민하는데도 해결책 또한 좀처럼 나오지 않는다. 회의를 거듭해도 뾰족한 수는 나오지 않을 테다. 모두 모여 한곳만 뚫어져라 보고 있는데 색다른 생각이 나올 리가 있겠는가.

망할 때는 망해야 한다

망할 때는 망해야 한다. 어설픈 성공은 곪아 가는 문제를 묻히게 한다. 진단을 못하면 처방도 할 수 없기 마련이다. 문제는 빨리 드러날수록 좋다. 위기는 기회라 했다. 실패를 통해 분명해진 문제를 곱씹으며 튼실하게 다잡았을 때, 시련은 발전을 위한 최고의 영약(靈藥)이 된다.

망했을 때는 하고 싶어도 일을 할 수 없게 된다. 아무리 절절한 사랑도 상대가 나를 버렸다면 마음을 접어야 할 것이다. 이는 무척 괴로운 일이다. 그런데도 문제를 찾으려고 꼭 망해 보아야만 할까?

'강제 휴가'는 망하는 경험만큼이나 문제를 짚어 내는 데 효과가 있다. 한참 몸 달아 있는 일에서 완전히 손을 떼어 보라. 불같은 사랑이 버겁다면 상대에게서 멀어져 보자. 열심히 달리는 것만이 능사는 아니다. 일단 내려놓고 게으름을 즐겨 보라. 세상은 나에게 다르게 말을 걸어 올 것이다.

서치라이트는 좁은 공간만 비춘다. 우리 정신은 서치라이트와 비슷하다. 풀리지 않는 부분, 마음 불편한 구석만 거듭해서 비추려 든다는 뜻이다. 억지로라도 일에서 멀어진 순간, 우리 영혼의 서치라이트는 비로소 다른 곳들도 비추기 시작한다.

나무가 왜 이런 모습인지는 숲 전체를 바라봐야 오롯이 이해되는 법이다. 눈앞의 절절함에서 놓여나야 비로소 나의 일을 전체 맥락에서 바라보게 된다. 내 역할이 조직에서 어떤 가치가 있는지, 내 인생에서 지금의 일이 어떤 의미가 있을지, 변하는 세상에서 내가 하는 작업은 어디쯤 자리 잡고 있는지 등을 따져 보게 될 것이다. 통찰의 눈은 그제서야 비로소 열린다.

일주일 굶은 사람은 '저것을 먹을 수 있을까?' 하는 기준으로 세상을 바라본다. 비둘기를 보아도, 가죽 가방을 보아도, 그의 머릿속은 저것을 어떻게 먹을거리로 바꿀까 하는 생각으로 가득할 테다.

절절한 문제에서 억지로 멀어진 사람의 마음도 다르지 않다. 몸은 멀리 있어도 온 신경이 풀리지 않은 문제를 향해 저절로 쏠

리곤 한다. 영화를 보아도, 사람을 만나도, 그 문제를 해결하는데 어떤 힌트를 얻지 않을까 하는 기대를 내려놓지 못한다. 아르키메데스가 목욕을 하다가 "유레카(eureka)!"를 외치며 탕 밖으로 뛰어나갔던 비결이 여기에 있다. 열심히 달리는 사람에게는 게으른 시간이 통찰의 경험으로 바뀌는 경우가 드물지 않다.

노예는 반복할 뿐이지만 자유인은 성찰한다

아리스토텔레스(Aristoteles, 기원전 384~기원전 322)는 자유인의 조건으로 '스콜레'(scholē)를 꼽았다. 스콜레란 그리스어로 '여유'라는 뜻이다. 노예들은 자기 일을 묵묵히 반복할 뿐이다. 단순한 일을 오래하다 보면 노하우가 쌓인다. 현대 심리학자들은 이를 '반복적 전문성'(routine expertise)이라 부른다.

반면, 자유인은 일에 매몰되는 경우가 없다. 그들은 치열한 현실에서 벗어나 여유 속에서 지금 하는 일의 의미를 되묻곤 한다. '내가 하는 작업이 내 인생에 무슨 의미가 있을까?', '세상에 꼭 필요한 일일까?' 등등.

노예는 반복할 뿐이지만 자유인은 성찰한다. 노예는 주어진 일은 잘할 수 있다. 그러나 한 번도 겪어 보지 못한 새로운 상황 앞에서는 당황하기 십상이다. 그러나 여유 속에서 넓게 보고 깊게 생각하는 자유인은 돌파구가 될 만한 생각을 내놓곤 한다. 현대 심리학 용어로 말하자면, '적응적 전문성'(adaptive expertise)을 펼친다는 뜻이다.

위대한 경영자 가운데는 은둔의 생활을 보내는 사람들이 적지 않다. 예컨대, 스티브 잡스는 많은 시간을 명상과 산책으로 보냈다. 통찰은 게으름이 주는 선물이다. 워커홀릭(workaholic)들은 여가를 불편해한다. 이들은 자유인일까, 일상의 노예일까? 충분히 노력했는데도, 애간장이 타는데도 돌파구가 보이지 않는다면, 게으름의 지혜에 몸을 맡길 일이다.

2장

욕망과 집착으로

괴로울 때

니르바나, 즉 열반(涅槃)이란 '번뇌의 불꽃을 끄다'라는 뜻이다.

내 마음의 고통은 욕심과 집착을 연료로 타오르는 불꽃이다.

인생은 영원하지 않다.

결국은 죽음으로 끝나고 마는 게임일 뿐이다.

빠르고 느리고의 차이가 있을 뿐,

우리에게는 결국 집착하던 모든 것을

내려놓아야 할 때가 온다. 현명한 자들은 끊임없이

'죽음을 기억하라.'고 충고한다.

그래야 헛된 것들에 대한 집착을 내려놓게 되는 까닭이다.

지금이 그대 삶의 마지막 순간이라면,

그대의 '나다움'은 어디에 있는가?

이 물음에 답을 찾는 각오로 살아갈 때,

비로소 삿된 고민들은 내 마음의 중심에서 멀어진다.

Day-8

사심 없는 사람이
강하다

_디오게네스

인재를 선발할 때 '금욕'과 '청빈'은

무척 중요한 평가 항목이다.

세상에 빼어난 스펙을 가진 이들은 차고 넘친다.

하지만 사심 없이 세상을 객관적으로 바라보고

올곧게 처신할 수 있는 인재는 과연 얼마나 될까?

나도 디오게네스가 되고 싶다

'거지 철학자'로 알려진 디오게네스(Diogenes, 기원전 400?~기원전 323)는 무척 유명했다. 알렉산드로스 대왕이 그를 직접 찾아 갔을 정도였다. 대왕이 다가갔을 때, 디오게네스는 바닥에 드러누워 햇볕을 즐기고 있었다. 대왕은 예의를 갖춰 그대에게 무엇이든지 해 주겠다고 말했다. 디오게네스는 이렇게 대꾸했다. "다른 것은 됐고, 당신이 햇볕을 가리고 있으니 좀 비켜 서 주시오."

이 말을 들은 대왕은 공손히 물러서며 옆에 있는 부하들에게 이렇게 말했다. "내가 알렉산드로스 대왕이 아니었다면, 디오게네스가 되고 싶었을 거요." 이 말을 전해들은 디오게네스의 반응은 이랬다고 한다. "내가 디오게네스가 아니었다면, 나 또한 디오게네스가 되고 싶었을 거다!"

알렉산드로스는 헬레니즘 제국을 일군 위대한 왕이다. 그의 영토는 그리스 본토를 넘어 페르시아 등, 당시 유럽인들이 상상할 수 있는 거의 모든 지역에 이르렀다. 그럼에도 왜 벌거숭이로 하릴없이 지내는 거지 철학자가 되기를 바랐을까? 나아가, 왜 디오게네스는 자신이 대제국의 황제보다 더 낫다고 생각했을까?

죽일 수는 있어도 굴복시킬 수는 없는 자

알렉산드로스의 야망은 무척 컸다. 그의 욕심은 그리스 전체를 차지하고도 사그라들지 않아 인도 원정으로까지 이어졌다. 만약 알렉산드로스가 인도를 집어삼켰다면 그의 욕망이 채워졌을까? 그랬을 것 같지 않다. 알렉산드로스는 무엇을 얻었건 그 이상을 끊임없이 바랐을 테다.

디오게네스는 달랐다. 욕심이 없던 그는 물과 햇볕만 있어도 행복할 수 있었다. 온 세상을 가져도 행복하기 어려운 자와 최소한의 것만으로도 만족할 수 있는 사람, 둘 가운데 어느 쪽이 진정 강하다고 할 수 있을까?

욕심이 뚜렷하고 큰 자들은 유혹하기도 쉽다. "제가 돈 때문에 이러는 것은 아니지만……."이라고 말하는 치들은 사실 돈에 불만이 있기에 이런 말을 하는 경우가 대부분이다. 마찬가지로 "제가 한 시간 더 했다고 이러는 것은 아니지만……."이라며 운을 떼는 사람은 일을 더 많이 한 사실이 억울해서 이런 말을 흘렸을 가능성이 높다. 이들의 마음을 사는 방법은 간단하다. 돈을 더 주거나 일을 줄여 주면 된다. 반면, 아무것도 바라지 않는 사람은 어떨까? 자신은 그 무엇도 바라지 않으며 오직 정의롭기만을 바란다고 한다면? 이런 사람은 유혹할 방법이 없다. 이들이야말로 '죽일 수는 있어도 굴복시킬 수는 없는 자'들이다.

이들은 욕심이 없기에 세상을 가장 정확하게 바라볼 수 있다. 벌거벗은 임금님을 제대로 본 사람은 순진한 어린아이였다. 자신의 이익과 지위를 잃고 싶지 않았던 어른들은 왕의 눈치를 보느라 멋있는 망토를 입으셨다며 거짓말을 늘어놓았다. 하지만 아무 이해관계가 없는 어린아이는 왕에게 있는 그대로의 진실을 알려 줄 수 있었다.

이쯤 되면 왜 모든 것을 가진 알렉산드로스가 디오게네스를 부러워했는지 이해가 될 듯싶다. "개처럼 살라." 디오게네스의 철학을 한마디로 요약한 말이다. 그는 키니코스 학파로 분류된다. 우리말로는 개 견(犬)에 선비 유(儒)를 써서 '견유학파'로 옮기곤 한다. 말 그대로 '개처럼 사는 선비들'이라는 뜻이다.

욕심을 버리기란 결코 쉽지 않다. 이는 한결같이 자신의 욕망을 점검하며 다스려야 가능한 일이다. 디오게네스는 생존에 꼭 필요하지 않은 것들을 끊임없이 쳐냈다. 허기를 면할 정도로만 먹었고 맛있는 음식은 바라지도 않았다. 포도주를 담는 큰 항아리에서 지내며 옷도 최소한으로만 걸치고 다녔다. 어린아이가 그릇 없이 맨손으로 먹는 모습을 보자, 아예 식기까지도 버렸다. 디오게네스는 이렇듯 자신의 욕망을 최소한으로 만들기 위해 끊임없이 노력했다. 그는 무엇도 바라지 않도록 스스로를 길들였기에 세상에서 가장 강한 사람이 될 수 있었던 것이다.

최고의 스펙은 도덕성이다

디오게네스의 사상은 세월이 흐르며 서양 문명 속에 자연스레 녹아 들어갔다. 디오게네스가 평생 실천했던 '금욕'과 '청빈'은 서양 전통에서 지도자에게 언제나 요구되는 덕목이었다. 인재를 선발할 때도 '금욕'과 '청빈'은 무척 중요한 평가 항목이다. 세상에 빼어난 스펙을 가진 이들은 차고 넘친다. 하지만 사심 없이 세상을 객관적으로 바라보고 올곧게 처신할 수 있는 인재는 과연 얼마나 될까?

디오게네스는 대낮에 등불을 들고 복잡한 시장통을 헤집고 다녔다. 기이하게 여긴 상인들이 왜 그러냐고 물으면, "나는 사람을 찾고 있소."라고 답했단다. 그가 찾는 사람은 사심 없고 도 덕적인 사람이었다. 그토록 많은 시민들과 지냈으면서도 디오게네스는 자신이 원하는 이를 찾지 못했나 보다. 그는 늘 "나는 저 많은 무리 가운데 도둑놈과 사기꾼들만 찾아냈을 뿐, 사람은 찾지 못했소."라며 한숨을 쉬곤 했다.

우리 현실은 어떨까? 우리가 만약 대낮에 등불을 치켜들고 거리에 나선다면, 디오게네스의 기준에 맞는 '인재'를 쉽게 찾을 수 있을까? 남을 비난하기는 쉽다. 그러나 나 스스로를 사심 없는 올곧은 인재로 다잡으며 살기란 결코 쉽지 않다.

모든 것을 다 가졌던 알렉산드로스가 왜 디오게네스를 찾아 갔는지를 생각해 보라. 세상에 능력이 뛰어난 인재는 많아도 사심 없는 인재를 찾기란 쉽지 않다. '최고의 스펙은 도덕성'이라 는 말은 공허한 수사(修辭)가 아니다. 욕심이 없는 자가 세상에 서 가장 강하다.

Day-9

비교의 지옥에서
탈출하려면

_리처드 이스털린

행복해지는 더 좋은 방법은 늘 돕고 베푸는 데 있다.

베풂이 가득한 삶에는 불행이 깃들기 어렵다.

평범하지만 이룰 수 없는 꿈

먹고살 정도의 벌이, 잘나가진 못해도 부끄럽지 않을 정도의 직함, 교통이 편리한 곳에 아담한 집 한 채, 그리고 편안하고 튼튼한 차.

평범한 사람들이 꿈꾸는 '미래'다. 수업이나 강의 때마다 나는 사람들에게 '자신의 인생이 행복할 수 있는 조건'을 묻곤 한다. 중구난방으로 여러 답변들이 쏟아지지만, 대개 위에서 소개한 네 가지로 간추려진다. 언뜻 보면 소박하고 무난한 소망 같다. 하지만 이 넷을 이룰 사람들이 얼마나 될까? 대한민국은 OECD 가입 국가다. 저 정도 수준은 중산층만 되어도 무난히 다다를 듯싶다.

하지만 경제학자 이스털린(Richard A. Easterlin, 1926~)은 고개를 젓는다. 그는 힘주어 말한다. 위의 네 가지 소망을 이룰 자는 세상에 없다! 왜 그럴까? 불황이어서? 직장 잡기가 어려워서?

이스털린 역설

이스털린의 설명은 철학적이다. 인간은 비교의 동물이다. 봉급이 150만 원에서 300만 원으로 올랐다고 해 보자. 뛸 듯이 기쁠 것이다. 그런데 자기 월급이 300만 원으로 올랐을 때 남들의 급여가 350만 원으로 인상되었다면 어떨까? 이때도 과연 기분이 좋을까?

앞의 네 조건을 이루지 못하는 까닭도 여기에 있다. '먹고살 만한 벌이 수준'에는 절대치가 없다. 자신보다 잘 버는 이들이 있는 한, 마음 한구석의 궁상스러운 느낌은 가시지 않을 테다. '부끄럽지 않은 직함', '아담한 집 한 채', '편안하고 튼튼한 차'도 다르지 않다. 무엇을 얻게 되건 인간은 그 이상을 바라기 마련이다. 그래서 우리는 행복하기 어렵다.

경제학에서는 이를 '이스털린 역설'(Easterlin's Paradox)이라 부른다. 살림살이가 나아져도 시민들의 행복 수준이 높아지지 않는 현상을 설명하는 말이다. 그렇다면 우리가 행복해지려면 어떻게 해야 할까?

지금의 경제 마인드는 소득을 높이고 합리적으로 돈을 쓰게 하는 쪽으로 모아진다. 인류 전통의 '지혜'는 그렇지 않았다. 기독교 성경에서는 "마음이 가난한 자가 복이 있다."고 했다. 안분지족(安分知足)은 동북아시아에서 널리 통하던 처세훈이다.

이 말들의 의미를 설명해 보자. 예컨대, 정말 어렵고 힘든 이들을 돕는 봉사 활동을 하는 사람들은 큰 깨달음을 얻어 오는 경우가 많다. 한나절 땀 흘리고 오면 생활 곳곳에서 터져 나오던 불평이 잠잠해진다. 자신보다 훨씬 신산한 삶을 버티는 사람들을 보면서 자신이 얼마나 행복한지를 깨닫는 까닭이다.

이스털린은 남과의 비교를 불행의 원인으로 꼽았다. 그렇다면 행복해지는 비결을 찾기는 어렵지 않다. 자신보다 나은 자들과 자기 처지를 견주지 말라. 오히려 자신보다 못한 위치의 사람들과 자기를 비교해 보라.

우리는 역사상 가장 풍요로운 시대를 산다. 그러나 세상 전체가 그렇지는 않다. 지구상에는 위협에 떨며 목숨을 지키느라 모질게 하루하루를 살아야 하는 사람들도 적지 않다. 신문은 매일같이 전쟁과 굶주림, 폭력과 재앙의 소식들을 전해 주지 않던가. 이들에 비해 나는 얼마나 행복한가!

영원의 관점에서 인생을 바라보라

행복해지는 더 좋은 방법은 늘 돕고 베푸는 데 있다. 테레사 수녀의 표정은 온유하고 밝았다. 수단의 성자(聖者) 이태석 신부의 얼굴은 또 어떤가. 베풂이 가득한 삶에는 불행이 깃들기 어렵다.

다른 이들에게 찾아든 불행에서 자신은 비켜나 있다는 사실은 그 자체로 위안을 안긴다. 나아가 남을 돕는 일은 자신이 세상에 필요한 존재임을 확인받는 과정이기도 하다. 누군가에게 꼭 필요한 사람으로 인정받는다는 것만큼 가슴 벅찬 일도 없다.

인류의 오래된 지혜는 영원의 관점에서 인생을 바라보라고 가르친다. 서양인들은 오랫동안 '메멘토 모리'(memento mori)라는 격언을 가슴에 새기고 살았다. 이는 '죽음을 기억하라.'는 말이다. 사람은 누구나 죽는다. 돈이 엄청나게 많건, 높은 자리에서 떵떵거리건 상관없다. 죽음 앞에서는 부귀영화도 덧없다. 그러니 남과 비교하며 애면글면할 필요 없겠다.

더 나아가 역사에 우리네 삶을 견주어 보라. 피라미드를 만들었던 파라오는 지금 어디에 있는가? 유라시아를 발밑에 두었던

칭기즈 칸의 제국은 어떻게 되었는가? 과자를 빼앗긴 아이는 세상을 다 잃은 듯 서럽게 운다. 어른은 그렇지 않다. 삶 전체로 볼 때 과자 따위는 하찮고 소소한 문제임을 잘 아는 까닭이다. 마찬가지로 인생의 끝을 생각하고 역사와 흐름을 짚어 가며 사는 이들은 자잘한 이권에 휘둘리지 않는다.

사흘 굶고 엄동설한에 벌벌 떠는 상황에서 행복하기는 어렵다. 반면, 등 따시고 배부르다 해서 꼭 행복하리란 법도 없다. 헐벗고 굶주리는 상황에서는 당연히 벗어나야 한다. 하지만 먹고 살 만한 처지에 이르렀다면 삶의 방향은 달라져야 한다.

더 많이 갖고 더 풍부하게 누린다고 인생이 만족스러워지지는 않는다. 마음이 편안해지고 인격이 훌륭해지는 것은 더더욱 아니다. 인류 역사는 삐뚤어진 영혼으로 세상을 힘들게 한 폭군들 이야기로 가득하다. 그들은 하나같이 막대한 부와 높은 지위를 누렸다.

어떤 문화에서건 '겸손'과 '청빈'은 존경받는 가치였다. 자본주의에서는 더 많은 소비와 돈 버는 능력이 미덕처럼 여겨진다. 젊은이들의 진로 희망은 돈 되는 분야로 더욱 몰린다. 문학과 철학, 역사같이 마음을 다스리는 학문을 전공하고 싶다는 사람들은 날로 줄어든다.

　이런 분위기 속에서 학생들은 과연 "먹고살 정도의 벌이, 잘 나가진 못해도 부끄럽지 않을 정도의 직함, 교통이 편리한 곳에 아담한 집 한 채, 편안하고 튼튼한 차"라는 '소박한 꿈'을 이룰 수 있을까? 모든 것은 마음가짐에 달려 있다는 불교의 '일체유심조'(一切唯心造)라는 가르침이 절실하게 다가온다.

Day-10

죽음을 기억할 때
현실은 빛난다

_스토아 철학

우리는 신(神)이라는 감독이 연출하는

우주라는 무대에 선 배우들이다.

왜 이리 내 팔자가 배배 꼬였냐며 원망해서는 안 된다.

나는 비극의 주인공 역할을 맡았을 뿐이기 때문이다.

인생은 공평하다

　인생은 공평하지 않다. 금수저 물고 태어난 이들을 보라. 지지리 궁상으로 출발한 나는 아무리 노력해도 그들을 따라잡지 못할 듯싶다. 외모는 또 어떤가. 탤런트같이 멋진 사람들을 보면 변변치 못한 내 용모가 처량하기만 하다. 떨어지는 지능과 저질 체력은 더 말할 것도 없다. 이래저래 내 인생은 불만을 느낄 만한 조건으로 가득하다.

　하지만 마음 챙김과 의무를 중요하게 여겼던 로마 시대 스토아 철학자들은 우리의 불평에 고개를 흔든다. 인생은 불공정한 게임이라고? 그렇지 않다. 남부러울 것 없을 듯한 이들이 우울을 달고 사는 경우는 드물지 않다. 자살로 삶을 마감한 인기 절정의 배우들을 떠올리기도 어렵지 않다. 천재들은 또 어떤가. 그들은 예민함과 괴팍함으로 자신과 주변을 피곤하게 만든다.

　인생은 공평하다. 스토아 철학자들은 인생을 한 편의 연극에 빗대곤 한다. 한 편의 극 속에는 여러 배역이 있다. 누구는 왕의 역할을 맡고 누구한테는 거지 역이 주어진다. 이때 배우로서 올바른 처신은 무엇일까? 관객은 왕의 배역을 받은 자를 높게 보고 거지 역을 맡은 이를 업신여기지 않는다. 이는 대본에 따라 주어진 역할일 뿐이다.

누가 좋은 배우인지는 얼마나 성실하고 치열하게 연기를 잘하는지로 갈릴 테다. 거지 역을 맡았더라도 혼신의 연기를 하는 배우에게는 박수가 쏟아진다. 불만 가득한 표정으로 설렁설렁 연기하는 배우는 어떨까? 야유와 비난이 끊이지 않을 테다. 연기자 스스로도 연극이 재미없고 하기 싫어질 것이다.

인생도 다르지 않다. 스토아 철학에 따르면, 우리는 신(神)이라는 감독이 연출하는 우주라는 무대에 선 배우들이다. 왜 이리 내 팔자가 배배 꼬였냐며 원망해서는 안 된다. 나는 비극의 주인공 역할을 맡았을 뿐이다. 집안 좋고 머리 뛰어나고 외모 출중한 환경에 있다고 좋아할 일도 아니다. 사건과 갈등 없는 각본은 없다. 처지가 좋으면 좋은 대로, 나쁘면 나쁜 대로 인생은 힘든 법이다.

'메멘토 모리'와 '카르페 디엠'

'메멘토 모리'와 '카르페 디엠'(carpe diem)은 오랫동안 유럽 인들의 삶을 떠받치던 두 기둥이었다. 메멘토 모리는 "죽음을 기억하라."는 뜻이고, 카르페 디엠은 "현재를 즐기라."는 의미 다. 정반대의 가르침이지만 이 둘은 서로 통한다.

인간은 어차피 모두 죽는다. 그러니 잘나간다고 우쭐할 거 없 다. 못 견디게 괴로운 상황에 있다 해도 좌절할 필요 없다. 무엇 이건 영원하지 않다. 죽음 앞에서 인생이라는 연극은 공평하게 막을 내린다. 그렇다면 우리는 어떻게 살아야 할까?

카르페 디엠은 이 물음에 답을 준다. 마지막 한 방울까지 음 미하는 자세로 '지금 이 순간'(here and now)을 살아야 한다. 스 토아 철학자인 마르쿠스 아우렐리우스는 이렇게 충고한다.

"찬양이 아름다움의 본질은 아니다. 찬양받는다고 그 자체 가 더 좋아지거나 더 나빠질 수 있는가? 에메랄드는 칭찬받 지 못하면 본래의 아름다움을 잃어버리는가?"

주변의 평가는 중요하지 않다. 하루하루 주어진 역할에 충실하며 삶을 에메랄드같이 가꾸어야 한다. 이럴 때 내 인생은 그 무엇에도 휘둘리지 않는다. 최선을 다한 삶은 아름답다. 설사 실패했다 해도 미련이 남지 않는다. 행운만 주어진 인생은 남들의 부러움을 살지 모른다. 그러나 자신은 헛헛하고 외롭고 공허하다. 삶을 튼실하게 만드는 것은 삶을 대하는 나의 자세다.

타고난 조건은 내가 어쩌지 못한다. 여기에 매달려 봐야 삶에 대한 원망만 늘 뿐이다. 행복한 삶은 지금 이 순간 내가 할 수 있는 것에 최선을 다할 때 열린다. 청춘들에게는 미래가 안 보이고 노년들은 남은 인생이 두려운 시대다. 이런 때일수록 메멘토 모리와 카르페 디엠은 더욱 빛나는 보석 같은 격언이다.

Day-11

가진 것을
버릴 줄 아는 용기

_에릭 호퍼

희망은 자기를 속일 때만 샘솟는다.

그러나 용기는

세상을 있는 그대로 바라볼 수 있을 때 생긴다.

누군가가 바라는 모습대로 살기 싫다

그는 장사에 소질이 있었다. 처음 나선 행상길에서 그는 오렌지 두 바구니를 금세 팔아 치웠다. 어수룩하지만 성실한 모습이 손님들 마음을 끈 덕분이었다. 몇 시간 만에 그는 장사에 익숙해졌다. 자신을 오렌지 농사꾼으로 소개하며 있지도 않은 농장 이야기를 떠벌렸다. 사람들은 그의 이야기에 빠져들었다. 그럴수록 장사는 더욱 잘됐다. 하루가 지나지 않아 트럭에 가득했던 오렌지가 다 팔려 나갔다.

하지만 그는 자신의 '사업 경력'을 첫날에 끝장내 버렸다. 돈을 벌려고 거짓말을 술술 하는 자기 모습에 너무 화가 났던 탓이다. 그는 소매를 붙잡는 동업자를 뿌리치고 다시 떠돌이 일꾼의 생활로 돌아가 버렸다.

'길거리 철학자' 에릭 호퍼(Eric Hoffer, 1902~1983)의 삶은 늘 이런 식이었다. 멋진 여성과 사랑에 빠졌을 때도 그랬다. 애정이 결실을 맺을 중요한 순간에 호퍼는 줄행랑을 쳐 버렸다. "평생 아픔에서 회복되지 못했다."고 털어 놓을 만큼 절절했음에도 말이다. 호퍼는 학교를 다니지 않았지만 엄청난 독서로 학식이 높고 지적인 사람이었다. 몽테뉴의 작품을 줄줄 외우고 식물의 병을 고치는 약을 개발할 정도였다. 여인은 평강 공주 같았나 보다. 그녀는 호퍼를 다독여 자신이 바라는 '영웅'으로 거듭나게 하려고 애썼다. 호퍼가 도망간 까닭은 이 때문이었다. 그는 자신이 누군가가 바라는 모습이 되려고 아득바득해야 한다는 사실을 받아들이기 어려웠다. 그는 평생 떠돌이 일꾼으로, 부두 노동자로 살았다.

끊임없이 '영혼의 다이어트'를 하라

경제적인 잣대로 보면 호퍼의 삶은 한심해 보인다. 뛰어난 학식과 재주를 가졌다면 견실하게 재산을 가꾸고 걸맞은 사회적 지위를 차지해야 할 테다. 우리의 상식은 그래야 마땅하다고 외쳐 댄다. 그럼에도 호퍼는 고작 날품 파는 노동자로 인생을 낭비하지 않았는가?

하지만 호퍼의 생각은 달랐다. 그는 인류 역사에서 개척자들은 어떤 사람이었는지 떠올려 보라고 말한다. 가진 것 많고 성공을 거머쥔 사람들이 모험을 떠났던가? 일부러 편안한 집을 버리고 고통 속으로 뛰어드는 이들은 많지 않다.

오스트레일리아는 쫓겨난 범죄자들이 개척한 땅이었다. 시베리아의 길은 죄수들이 열었다. 가장 힘센 나라인 미국도 유럽에서 '아웃사이더'로 밀려난 청교도들이 세웠다. 이처럼 도전하는 이들은 주로 실패하고 좌절하고 쫓겨난 사람들이다.

호퍼는 인생에 찾아드는 행운들을 발로 차 버렸다. 다이어트를 하려면 아이스크림 앞에서 숟가락을 내려놓을 줄 아는 '용기'가 필요하다. 인생도 마찬가지다. 재산이 모이고 생활이 안정되면 삶은 생기를 잃어버린다. 가진 것을 지키려면 일상도 '안정적으로' 반복되어야 하는 까닭이다.

군살이 붙으면 운동하기 싫어지듯, 몸집이 불어난 영혼은 새로움을 향해 뛰려 하지 않는다. 호퍼는 도전 정신을 잃지 않고자 가진 것을 놓아 버리려 애썼다. 끊임없이 영혼의 다이어트를 했던 셈이다.

게다가 사람은 가진 것이 적을수록 되레 겁이 없고 용감하다. 떠돌이 일꾼 생활을 걱정하는 농장 주인에게 호퍼는 이렇게 대꾸한다. "제 미래는 당신보다 훨씬 안전합니다. 농장은 사회가 뒤바뀌면 사라질 수 있습니다. 그러나 씨 뿌리고 곡식을 거두는 일은 언제나 계속됩니다. 저 같은 사람은 여전히 필요할 테지요. 미래가 불안하다면 차라리 저처럼 떠돌아다니며 일하는 생활을 몸에 익히세요."

용기는 세상을 있는 그대로 바라볼 때 생긴다

높이 올라가면 밑으로 떨어질까 몸을 사리게 된다. 하지만 바닥에 있다면 움츠러들 까닭이 없다. 밑으로 굴러 봤자 별로 다치지 않기 때문이다. 그래서 호퍼는 평생 호기심과 대담함을 잃지 않았다.

호퍼는 사회의 밑바닥에 있었기에 세상을 냉정하게 볼 줄도 알았다. "희망은 자기를 속일 때만 샘솟는다. 그러나 용기는 세상을 있는 그대로 바라볼 수 있을 때 생긴다. 희망이 있을 때는 어려운 일을 시작하기 쉽다. 반면, 일을 마무리 짓는 데는 용기가 필요하다. 최고의 인간은 희망이 사라졌을 때도 가슴에서 용기가 샘솟는다."

하루 벌어 하루 사는 사람의 삶은 치열할 수밖에 없다. 이런 생활을 이어 가려면 환상을 품어서는 안 된다. 현실을 있는 그 대로 바라보고 용기 있게 맞서야 한다. 이 점에서 호퍼의 주장 은 스토아 철학자들을 떠올리게 한다. 그들에게 인생은 연극 무 대와도 같다. 만약 노예 역할을 맡았다면 어떻게 해야 할까? 좋 은 배우는 자신의 배역이 하찮다고 투덜대지 않는다. 오히려 그 는 진짜 노예가 된 듯 무대에서 최선을 다할 테다.

삶도 마찬가지다. 세상은 결코 공평하지 않다. 부자 부모를 둔 덕에 떵떵거리는 이들도 있고, 지지리 궁상인 집안에서 태어 나 무거운 생계를 짊어진 사람들도 있다. 하지만 누가 더 좋은 삶을 가꾸었는지는 무엇을 가졌고 누렸는지로 판가름 나지 않 는다. 인생에서 재산과 명예는 '무대 소품'에 지나지 않기 때문 이다. 스토아 철학자 같던 호퍼는 이 점을 너무나 잘 알았다.

자기 관리를 잘하는 사람들의 몸매는 노예나 검투사와 다르 지 않다. 근육 잡히고 군살 없다는 점에서 그렇다. 마찬가지로 영혼에도 다이어트가 필요하다. "이런저런 것만 있으면 행복하 리라는 믿음은 불행한 까닭이 자신에게 있음을 잊게 만든다. 커 다랗게 자라난 욕망은 자신이 가치 없는 사람이라는 느낌을 억

누른다." 호퍼의 말이다.

용기 있는 사람은 가진 것을 버릴 줄 안다. 인생은 치열하게 타오를 때 아름답고 살 만한 법이다. 내가 행복하려면, 그리고 생생하게 피어나는 삶을 살려면 어떤 욕망부터 버려야 할까?

Day-12

증오와 원한에
전염되지 않으려면

_세네카

훌륭한 말을 듣고 말하며
정신을 다듬는 '수양'과
규칙적인 생활로 일상을 가꾸는 '수련'은
아름다운 삶을 이끄는 두 개의 길이다.

귀신 이야기 공식

우리나라 귀신 이야기에는 '공식'이 있다. 원한에 사로잡힌 혼령이 주민들을 괴롭힌다. 그 흉측하고 무서운 모습에 사람들은 까무러치거나 도망간다. 그럴수록 귀신은 더더욱 흉포한 존재로만 다가온다. 그러다 두려움을 이겨 낸 자가 귀신에게 당당하게 묻는다. 도대체 왜 그러냐고, 무슨 억한 마음이 있어 이승을 떠도는 것이냐고.

그제야 비로소 귀신은 자신의 억울한 사연을 풀어 놓는다. 절절한 호소를 귀담아들은 용기 있는 자는 귀신의 한을 풀어 준다. 마침내 표정에서 독기와 원한의 표정이 사라진 귀신은 착한 마음을 품고 하늘로 올라간다.

귀신 이야기 공식은 우리가 일상에서 마주치는 삐딱한 이들의 심보를 잘 설명해 준다. 배배 꼬인 이들을 떠올려 보라. 도대체 왜 저 모양일까? 하지만 원래부터 악마 같은 사람은 없다. '등 따시고 배부른' 상태, 사랑과 인정도 충분히 받는 상황에서는 누구나 천사같이 마음이 곱다. 반면, 삶이 버겁고 좀처럼 나아질 기미가 보이지 않을 때, 하소연 들어줄 사람 하나 없는 경우, 마음의 칼날이 서슬 퍼렇게 선다. 하긴, 지옥에서 편안하게 미소 지을 수 있는 자가 얼마나 될까?

주변에 갖은 심술과 가시 돋친 말로 힘들게 하는 이가 있는 가? 손가락질하기에 앞서 숨을 고르며 생각해 보라. "도대체 저 이는 뭐가 힘들기에 저럴까?" 하고 되물어 보자. 세상에 이해 못 할 문제는 없다. 상대의 깊은 상처를 헤아리고 보듬다 보면, 서로의 얼굴에 독기와 원망이 풀어지며 편안한 표정이 피어날 것이다.

현자들의 말에 귀 기울이라

하지만 이는 성인군자나 가능한 일이다. 하루 종일 심통 부리며 짜증 내는 이의 말과 행동을 거듭 받아 주기가 어디 쉽겠는 가. 철학자 니체에 따르면, 늘 불평불만이 가득한 사람은 주변 사람들을 '전염'시킨다. 그런 사람들 곁에는 비난과 원망을 늘 어놓는 이들로 가득 차게 된다는 뜻이다. 하긴, 그들로서는 자신과 같이 마음 불편한 자들이 많을수록 마음이 놓일 것이다.

"왜 나만 이럴까?" 하는 불안감이 사라지는 까닭이다. 따라서 그들은 하루 종일 분통을 터뜨리며 주위의 공감을 구한다. 이야기를 들어주는 것도 한두 번이지, 이런 사람에게 휘둘리다 보면 나의 정신도 미움과 분노로 혼미해질 테다. 이런 지경에서 벗어나려면 어떻게 해야 할까?

로마의 황제이자 철학자인 마르쿠스 아우렐리우스의 삶은 편안하지 않았다. 외적들이 끊임없이 쳐들어왔기에, 그는 삶의 많은 부분을 전쟁터에서 보내야 했다. 게다가 절정기를 지난 로마에는 크고 작은 문제가 끊이지 않았고, 사랑하는 아들이 병으로 죽기까지 했다. 이런 처지에서 그는 어떻게 마음을 다스렸을까?

"신이시여! 제가 당신께 아들을 살려 달라고 애원하지 않게 하소서. 다만, 자식을 잃은 슬픔을 이겨 낼 용기를 달라고 기도하게 하소서."

그는 무너지지 않기 위해 자신에게 필요한 조언을 스스로에게 끊임없이 들려주며 영혼을 일으켜 세웠다. 『명상록』은 아우렐리우스가 매일매일 일기 쓰듯 자신에게 훈계하는 글을 모은 책이다. 신나는 음악을 들으면 기분이 달뜨며 몸을 움직이고 싶어진다. 힘들 때 감미로운 발라드는 힐링을 줄 테다. 적들 때문에 흥분했을 때 힘찬 북소리는 용기를 부른다. 이렇듯 우리 마음은 무엇을 듣는지에 따라 상태가 바뀌곤 한다.

지혜로웠던 아우렐리우스는 그때그때 상황에 맞게 자신이 들어야 하는 이야기를 스스로에게 해 주었다. 격려가 필요한 순간에는 힘을 주는 말을, 엄격해야 한다고 꾸짖어야 할 때는 준엄한 경고를 자기 자신에게 던지는 식이었다. 말의 힘은 위대하다. 음악을 들을 때처럼 말의 내용에 따라 내 기분도 달라지기 때문이다. 칭찬을 들을 때와 비난의 소리를 견뎌야 할 때의 심정을 견주어 보라. 그렇다면 나는 나 자신에게 어떤 말을 해 주어야 할까?

주변을 짜증과 분노로 가득 채우고 있다면, 스스로 마음을 추스르기 위해서라도 자신이 들어야 할 말을 스스로에게 던질 줄 알아야 한다. 속 좁은 자들은 세상에 분노를 터뜨리는 것으로 자신의 울적함을 표현하곤 한다. 달리 마음을 다스릴 방법을 모르는 탓이다. 하지만 세상은 현자의 가르침들로 넘쳐난다. 『반야심경』, 『성서』에서 『우파니샤드』 같은 힌두교 경전, 플라톤의 대화편과 사르트르에 이르기까지, 영혼을 다잡아 주는 현명한 조언들을 외우고 또 되뇌는 것도 큰 도움이 된다. 오랜 세월 동안 묵독과 암송은 마음을 다스리는 훌륭한 수단이 아니었던가.

건강한 일상을 가꾸는 루틴의 힘

세상일이 언제나 뜻대로 풀릴 리는 없다. 어디로 튈지 모르는 미래는 늘 불안하다. 그럴수록 안정되지 못한 영혼은 주위 사람들의 심장도 졸이게 만든다. 자신의 힘든 처지를 알아 달라고 안달복달하며 매달리는 탓이다. 하지만 세상일을 내 마음대로 할 수는 없어도, 나의 일상만큼은 내 뜻대로 다스릴 수 있다는 사실을 늘 기억해야 한다.

현명한 이들은 의식을 치르듯 일과를 일정하게 꾸려 나간다. 옛 선비들은 하루를 부모님께 드리는 아침 문안 인사로 시작해서 저녁 문안 인사로 마무리 지었다. 수도사들은 새벽 예배에서 저녁 예배에 이르기까지 정해진 순서에 따라 매일매일을 살아간다. 내가 무엇을 해야 할지가 분명하게 주어져 있고, 이를 자연 법칙처럼 따르는 이들은 흔들리는 마음을 다잡기도 쉽다. 해가 지더라도 다음 날에는 어김없이 다시 뜬다는 사실을 알면 어둠이 덜 두려운 것과 마찬가지인 이치에서다. 철학자 칸트(Immanuel Kant, 1724~1804)의 하루는 너무도 유명하다. 그는 다음과 같이 시계처럼 규칙적인 삶을 살았다.

4시 55분, 하인 람페가 '일어나실 시간입니다'라는 말로 칸트를 깨운다. 칸트는 자신이 어떤 말을 하더라도 들어주지 말라고 명령하였기에 그가 일어나기 전까지 람페는 절대 자리를 뜨지 않는다. 5시, 기상. 홍차 두 잔을 마시고 파이프 담배를 피운다. 잠옷, 덧신, 수면용 모자를 쓴 채 강의 준비를 한다. 7~9시, 정장을 입고 강의를 한다. 9시~12시 45분, 실내복으로 갈아입고 집필을 한다. 12시 45분, 점심에 초대한 손님들을 작업실에서 맞는다. 다시 정장 차림. 오후 1시~3시 30분, 점심시간이자 하루 중 유일한 식사 시간. 오랜 시간 동안 손님들과 대화를 나누며 식사를 한다. 오후 3시 30분, 산책을 간다. 비가 오거나 눈이 오거나 변함이 없다. 저녁, 여행기 등 가벼운 책을 읽는다. 오후 10시, 절대적

안정 속에 잠자리에 든다.

칸트의 일상은 비가 오나 눈이 오나 변함이 없었다. 그는 무척 안정적인 성품을 갖춘 다정다감한 사람이었다. 다이어트에 성공하는 이들은 급하게 식사량을 조절하거나 무리하게 운동하지 않는다. 알맞은 식사와 적당한 운동을 규칙적으로 꾸준히 할 뿐이다. 마음 다듬는 방법도 다르지 않다. 건강한 일상을 가꾸는 루틴(routine)을 꾸준히 끌고 가는 것. 단순하며 성실한 일과를 반복하는 수도사들의 눈빛이 맑은 데는 이유가 있다.

증오와 원한에 '전염'되지 않으려면

훌륭한 말을 듣고 말하며 정신을 다듬는 '수양'과 규칙적인 생활로 일상을 가꾸는 '수련'은 아름다운 삶을 이끄는 두 개의 길이다. 세네카(Seneca, 기원전 4~65)는 말한다. "당신은 오늘도 만나게 될 것이다. 욕심으로 가득하고, 감사할 줄 모르고, 탐욕스럽고, 야망의 노예가 된 수많은 사람들을."

우리의 사회생활이 바로 그러하다. 영혼 아픈 이들이 품은 질투와 두려움, 증오에 '전염'되지 않고, 그들의 영혼을 맑게 회복시키기 위해서는 나 자신부터 잘 가꾸어야 한다. 과연 나는 평소에 나 스스로에게 어떤 말을 들려주는지, 하루하루를 어떻게 채워 나가는지 끊임없이 살피며 점검해 보라.

Day-13

그대에게 '나다움'은
무엇인가?

_한나 아렌트

'나다움'을 지키고 싶다는 책임감,

'나다움'을 잃었을 때의 죄책감은 우리를

인간답게 만드는 힘이다. 자부심을 느끼지 못하는

상황은 낮은 봉급만큼이나 큰 상처가 된다.

인자함과 정의가 중요할 뿐

맹자가 양나라를 방문했을 때 일이다. 양나라 혜왕은 그를 극진히 모신 후 정중하게 물었다. "노인께서 우리나라를 찾아 주셔서 고맙습니다. 우리를 이롭게 해 주실 방안은 무엇인지요?" 이 물음에 맹자는 정색을 하며 대꾸한다. "임금께서는 왜 이로움(利)만 말씀하십니까? 중요한 것은 인자함(仁)과 정의로움(義)뿐입니다."

여기까지만 들으면 맹자는 세상 물정 모르는 노인네처럼 느껴진다. 내가 먼저 잡아먹지 않으면 잡아먹히고 마는 춘추 전국의 혼란기, 도덕부터 따지라는 맹자의 말은 왕에게 황당한 소리였을 듯싶다. 하지만 맹자의 설명을 듣고 나면 생각이 바뀔지 모르겠다.

"왕께서 이로움을 따지신다면 신하들도 똑같이 이익만 생각할 것입니다. 나라를 생각하기보다 자신에게 어떤 이윤이 돌아갈지에 골몰하겠지요. 백성들은 두말할 나위도 없습니다. 나라가 결딴나건 말건, 제 한 몸 챙기는 것만 신경 쓰게 될 것입니다. 이렇듯 윗사람, 아랫사람 할 것 없이 이익만 외칠 때 국가는 이

내 위태로워지고 맙니다."

노동, 작업, 행위

정치철학자 한나 아렌트(Hannah Arendt, 1906~1975)는 맹자의 말을 보다 세련되게 들려준다. 그녀는 인간의 행동을 노동(labour), 작업(work), 행위(action)로 나눈다. 노동은 먹고살기 위해 하는 일이다. 살기 위해 아득바득한다는 점에서 인간은 짐승과 별다른 점이 없다. 사람이 사람다워지는 지점은 '작업'과 '행위'에서부터다. 작업은 생계를 떠나 뭔가 의미 있는 일에 매달리는 것을 말한다. 예술이나 취미 활동 등이 여기에 해당될 듯싶다.

행위는 다른 사람들과 머리를 맞대고 논의를 하는 활동을 말한다. 서로 말과 생각으로 영향을 미치는 일은 오직 인간만이 할 수 있다. 한나 아렌트는 여러 행위 가운데서 특히 '정치'를 강조한다. 그녀에 따르면, 제대로 된 정치란 "무엇이 우리 사회에 이익이 되는가?", "어떤 것이 우리 국민들에게 최고의 이윤을 안길까?"를 따지는 일이 아니다. 오히려 정치란 무엇이 올바른지, 우리가 좀 더 바람직해지려면 무엇을 해야 할지를 따지는 과정이어야 한다.

그녀는 좋은 정치의 사례로 고대 그리스의 도시국가, 폴리스(polis)에서의 공적 활동을 든다. 폴리스의 시민들에게 먹고사는 일은 개인이 알아서 해야 할 일이었다. 공공장소에 모인 시민들은 자신들의 폴리스가 진정 더 좋아지기 위해서는 무엇을 해야 하는지, 폴리스에 맞는 올바른 정책은 무엇인지를 논의했다. 이익이 아닌 올바름을 궁리했던 셈이다.

이익보다 이상을 좇으라

이익보다 이상을 좇으라는 아렌트의 주장은 정치를 너무 낭만적으로 보는 것이라는 비난을 받곤 한다. 하지만 그녀의 주장은 무척 현실적이다. 회사가 어려워져 부도를 맞은 상황을 떠올려 보라. 이런 처지에 이르면 사원들은 누구나 조직을 떠날 생각을 품기 마련이다. 어차피 회사는 서로 이익을 보겠다고 모인 집단 아니던가. 그러나 도덕이 살아 있는 훌륭한 기업에는 떠나가던 사원들을 뒤돌아보게 만드는 무엇이 있다.

"우리 그런 사람들 아니잖아요!"

"당신은 이럴 사람이 아니잖아요!"

이런 말을 들을 때 마음이 흔들린다면 당신이 속한 곳은 좋은 조직이다. '나다움'을 지키고 싶다는 책임감, '나다움'을 잃었을 때의 죄책감은 우리를 인간답게 만드는 힘이다. 아렌트식으로 보자면, '노동' 차원에서만 굴러가는 기업들에는 미래가 없다. 먹고살기 위해 일하고 있을 뿐, 나의 삶을 의미 있고 사람답게 만든다는 보람이 없는 탓이다. 자부심을 느끼지 못하는 상황은 낮은 봉급만큼이나 큰 상처가 된다. 훌륭한 조직은 아렌트가 말하는 '작업'과 '행위'의 수준으로 일을 끌어올린다. 주어진 일이 '나를 나답게 만드는 과업'으로 여겨지게 한다는 의미다.

모두가 경쟁력을 외쳐 대는 시대다. 하지만 이럴 때일수록 인자함과 의로움부터 챙기라는 맹자의 충고를 새겨들어야 한다. 그대의 조직에는 힘들어 떠나고 싶을 때, "우리 그런 사람들 아니잖아요!"라는 말에 어깨를 돌려세우게 하는 그 무엇이 있는가? 그대의 양심을 흔드는 말은 무엇인가?

인간에게 좋은 사람이고 싶은 욕망은 생존 본능보다 더 강렬하다. 그렇다면 그대 스스로에게 물어보라. "나에게 '나답다'라는 것은 과연 무엇인가?" 이 물음에 뿌듯한 미소를 지으며 답할 수 있다면 그대는 제대로 인생을 살고 있는 것이다.

3장

매너리즘에 빠져

허덕일 때

살아 있는 것과 '작동'하고 있는 것은 다르다.

감동 없는 삶이란 그냥 '작동하고 있는 상태'일 뿐이다.

내 삶에 '내'가 없을 때,

일상은 우울과 허무함 속에서 허덕이게 된다.

아놀드 토인비는 '도전과 응전'이

우리 삶과 문명의 핵심이라고 했다.

행복과 쾌락이 깨달음을 주는 경우는 없다.

삶의 깊은 의미는 고통과 역경을 이겨 내는 가운데 찾아온다.

그대에게 가치 있는 '도전'이 될 만한 시련과 아픔은 무엇인가?

'작동'을 멈추고 자신의 삶을 따뜻한 눈으로 바라보라.

삶에 감동을 안겨 줄 위험을 찾았다면,

매너리즘은 더 이상 그대를 괴롭힐 수 없다.

Day-14

주입된 욕망에서
탈출하라

_발터 베냐민

새로운 가능성을 찾고 싶다면

지금처럼 아무것도 생각할 것 없는 상태 자체에 대해

따져 묻는 것부터 시작해야 한다.

다른 세계가 있다는 것, 그 다른 세계를 상상하고

만들 수 있다는 것을 믿는 데서부터

출구가 열리기 때문이다.

자본주의라는 판타지

19세기 파리는 '세계의 수도'였다. 자본주의가 한창 만들어지던 시기, 파리는 그 시대의 특징을 가장 잘 보여 주는 곳이었다. 그래서 철학자 발터 베냐민(Walter Benjamin, 1892~1940)은 '아케이드 프로젝트'를 통해 파리를 분석하려 했다. 아케이드(arcade)란 지붕을 씌운 상가 거리, 곧 파사주(passage)를 일컫는다. 온갖 가게들이 들어선 대형 쇼핑 센터를 떠올리면 될 듯싶다.

베냐민은 산책하듯 파리를 헤매고 다녔다. 베냐민의 눈에 비친 파리는 "자본주의의 판타지" 그 자체였다. 자본주의 사회에서는 비싸게 팔리는 것이 가치 있게 여겨진다. 그래서 온갖 상품은 한껏 멋지게 꾸민 채 우리를 유혹한다. 이런 물건들로 가득 찬 상가, 아케이드는 "상품들의 신전"인 셈이다. 나아가, 박람회는 "대중이 상품의 가치를 교육받는 고등 교육 기관"의 역할을 한다. 우리는 백화점의 쇼윈도를 통해 무엇이 가치 있고 비싼 상품인지를 알게 되지 않던가. 게다가 우리는 주변 사람들의 부러워하는 표정, 감탄하는 모습을 보며 이런 물건들을 보았을 때 어떻게 행동해야 하는지를 몸으로 익히게 된다.

자본주의 사회에서 우리들은 화려한 상품들의 세계가 보여주는 꿈속에서 살아간다. 상품이 불러일으키는 욕망을 좇으며, 어떻게 구입하고 소비해야 할지도 광고를 통해 은연중에 '교육' 받고 있다. 하지만 이렇듯 꿈속에서 살아가는 모습이 꼭 나쁘지만은 않다. 베냐민에 따르면, "잠을 자야 꿈을 꿀 수 있고, 꿈에서 깨어나야 비로소 현실을 '각성'하게 되기 때문"이다.

진보란 "반복되는 새로움"일 뿐

화려한 상품들의 뒷면에는 생산과 소비 과정에서 벌어지는 숱한 사회 갈등이 숨어 있다. 베냐민의 '아케이드 프로젝트'는 자본주의의 판타지가 심어 준 꿈에서 깨어나도록 사람들을 이끄는 작업이다. 자본주의는 끊임없이 새로움을 좇는다. 사회 전체가 권태와 지겨움으로 가득 차 있는 탓이다. 가진 자들은 딱히 할 일이 없기에 하루하루가 권태롭다. 반면, 노동자들은 버거운 노동이 끝없이 반복되기에 일상이 지겹다. 그래서 사람들은 새로운 것을 계속 바라게 된다. 하지만 베냐민에 따르면, 자본주의 사회에서 진보란 사실상 "반복되는 새로움"일 뿐이다.

예컨대, 패션에는 사실 '진보'란 없다. 새로운 것이 빠르게 계속해서 등장하고 있을 따름이다. "마치 새로운 것을 더 새로운 것으로 빠르게 대체함으로써 불멸에 가까워질 수 있다고 생각"하듯이 말이다. 베냐민은 이렇게 말한다.

> "참을 수 없는 세계란 어쩌면 새로움에 대한 강박적 추구에도 불구하고 '영원히 지속되는 일상적 진부함' 속에서 살아가게 하는, 그런 세계가 아닐까. 이런 세상은 사유를 불가능하게 만든다. 반복되는 삶의 패턴들 속에서 진지한 생각거리는 아무것도 없기 때문이다. 하지만 진정 새로운 가능성을 찾고 싶다면 지금처럼 아무것도 생각할 것 없는 상태 자체에 대해 따져 묻는 것부터 시작해야 한다. 다른 세계가 있다는 것, 그 다른 세계를 상상하고 만들 수 있다는 것을 믿는 데서부터 출구가 열리기 때문이다."

그렇다면 자본주의의 출구는 어디 있을까? 안타깝게도 아케이드 프로젝트는 완성되지 못했다. 2차 세계 대전, 유대인이었던 베냐민이 유럽을 벗어나지 못한 채 스페인 국경에서 자살하고 말았던 탓이다. 1930년대, 나치의 위협이 커지는 가운데서도 베냐민은 파리 국립 중앙도서관에 파묻혀 아케이드 프로젝트 작업에 매달렸다. 그가 꿈꾸었던 미래는 어떤 것이었을까.

우리는 다른 세계를 꿈꿀 수 있을까?

아케이드 프로젝트는 무척 어렵다. 하지만 철학자 아도르노는 "쉽게 요약될 수 있다면 철학이 아니다."라고 했다. 아케이드 프로젝트는 쉽게 요약될 수도, 이해할 수도 없는 탐구이다. 쳇바퀴처럼 반복되는 일상이 지겹다면, 출구 없는 미래가 답답하다면, 베냐민처럼 상가를 거닐어 보라. 화려하게 진열된 상품들이 우리에게 어떻게 살라고 말하고 있는지를 귀담아듣고, 그런 미래가 과연 바람직한지 곱씹어 보라. 새로운 대안은 자본주의가 심어 준 욕망에서 벗어나 "다르게 생각하는 용기"를 품을 수 있을 때 열리기 마련이다. 우리는 과연 쇼윈도가 가리키는 세상과 다른 세계를 꿈꿀 수 있을까?

Day-15

'혁신 피로감'을
넘어서려면

_레프 톨스토이

진정 소중한 생각은 맛있는 반찬보다 밥에 가깝다.

새롭고 참신한 발상보다

기본과 밑바탕이 중요하다는 뜻이다.

혁신과 예술은 통한다

'창조적 파괴'는 자본주의의 핵심이다. 치열한 경쟁 상황에서 비용을 줄이고 마케팅을 공세적으로 하는 것만으로 상대 기업을 압도하기는 힘들다. 형편은 어디나 고만고만하기 마련인 탓이다. 결국 성패는 혁신에서 난다. 시장은 늘 생각지도 못한 돌파구를 마련하여 판을 흔든 이들의 손을 들어 주곤 한다. 경제학자 조지프 슘페터(Joseph Alois Schumpeter, 1883~1950)의 주장이다.

하지만 혁신은 엄청난 스트레스다. 남다른 것, 새로운 것을 떠올리고 실행하는 일이 어디 쉽던가. 혁신이 거듭될수록 중압감도 점점 심해진다. 결국은 아이디어가 바닥나서 나락으로 떨어질지 모른다는 두려움에 몸과 정신이 굳어지곤 한다. 회의는 점점 길어지고 에너지도 고갈되어 버릴 것이다. 이런 혁신 피로감에서 벗어나려면 어떻게 해야 할까?

혁신은 새로운 길을 연다는 점에서 예술과 통하는 점이 있다. 레프 톨스토이(Leo Nikolaevich Tolstoy, 1828~1910)의 예술론은 혁신 스트레스에 시달리는 이들에게 혜안을 안겨 준다. 톨스토이는 새로운 것, 신기한 것만 좇는 예술을 경멸한다. 봄, 여름, 가을, 겨울은 해마다 반복된다. 그렇다고 사계절의 변화가 지루하고 식상할까? 그렇지 않다. 달라지는 풍경은 늘 신선한 감동과 느낌을 안기는 까닭이다.

부모님의 사랑, 연인의 따사로움, 친구가 건네는 잔잔한 위로, 동료들과 나누는 연대감은 또 어떤가? 이는 수천 년 동안 인류가 거듭해서, 어쩌면 매일같이 느낄 법한 감정이겠지만 전혀 지루하지 않다. 누구나 늘 절실하게 받기를 바라기 때문이다.

톨스토이는 제대로 된 예술은 이런 '본질'을 오롯이 느끼게 해 준다고 강조한다. 음식의 본질은 혀를 만족시키는 것이 아니라 몸에 양분을 주고 건강을 지켜 주는 데 있다. 마찬가지로 예술의 본질은 짜릿한 자극과 쾌감을 주는 데 있지 않다. 톨스토이에 따르면, 예술이란 "사랑을 고취시키고 사람들을 서로 결합시켜서 행복을 향상시키는 인류의 수단"이다. 사람들에게 감동을 안기고 싶다면 '새로움'에 방점을 주지 말고 내가 전하고 픈 '가치'에 주목하라는 뜻이다.

혁신이 꼭 참신해야 할 필요는 없다. 잊고 있던 인류 고유의 가치와 덕목을 일깨우며 여기에 호소하는 것이야말로 진정한 혁신이다. 톨스토이는 훌륭한 예술의 조건으로 전달력과 독창성, 그리고 성실성을 꼽는다. 전달력이란 "지극히 단순한 마음, 어린아이도 알 수 있는 당연한 감정, 즉 남의 기쁨에 기뻐하고 남의 슬픔에 슬퍼하는 등, 사람과 사람을 서로 결합시키는 공감"을 말한다.

나아가 톨스토이는 독창성에 앞서 성실성을 좋은 예술의 핵심으로 꼽는다. 성실성이란 예술가가 자신의 생각을 절절하게 전달하고 싶은 욕망을 뜻한다. 이는 혁신에 있어서도 마찬가지다. 과연 내가 절실하게 말하고픈, 그래서 전달하고 싶은 가치는 무엇인가? 참신한 아이템을 떠올리기에 앞서, 과연 이것으로 인류 보편의 덕목 중 무엇을 일깨우려 하는지부터 짚어 볼 필요가 있다.

1983년, 혁신의 아이콘으로 통하는 스티브 잡스가 삼성 그룹 창업주인 이병철 회장을 찾아가 경영자가 명심해야 할 바를 물었다고 한다. 여기에 이 회장은 지금하고 있는 사업이 인류에게 도움이 되는지부터 확인하라고 충고했는데, 이는 톨스토이의 예술론과 통하는 면이 있다. 톨스토이는 진정한 예술의 가치는 "세상의 모든 사람은 동포라는 것, 따라서 폭력 대신 겸양으로, 서로를 사람으로 대해야 하는 것"을 일깨우며 인류가 숭고한 가치를 좇게 만드는 데 있다고 주장했다.

기본과 밑바탕이 중요하다

그렇다면 스스로에게 되물어 보라. 나의 혁신은 과연 인류가 지향하는 가치 중 무엇을 일깨우려 하고 있을까? 1991년, 캐나다의 윤리학자들은 '덕목 프로젝트'(Virtue Project)를 통해 인류 사회 어디에나 통하는 덕목 52개를 정리했다. 여기에는 감사, 너그러움, 신뢰, 사랑, 열정, 정의, 책임감, 화합, 초연함 등등이 담겨 있다. 살기 위해 우리는 매일같이 음식을 먹는다. 마찬가지로 우리는 이런 덕목들도 끊임없이 되새기며 영혼에 채워 넣어야 건강하게 삶을 꾸려 나갈 수 있다.

진정 소중한 생각은 맛있는 반찬보다 밥에 가깝다. 새롭고 참신한 발상보다 기본과 밑바탕이 중요하다는 뜻이다. 우리 일상에 꼭 있어야 하나 부족하게 느껴지는, 그래서 되새겨야 할 가치는 무엇일까? 혁신 피로감을 넘어서고 싶다면 인류의 오래된 지혜부터 점검해 볼 일이다.

Day-16

창의성은
불편한 관계에서
온다

_지그문트 바우만

SNS가 발달한 지금은 나와 마음이 맞는 사람들을
찾기가 어렵지 않다. 굳이 생각이 다른 사람들과 힘들게
관계를 꾸려야 할 이유가 없다. 그러나 창의적인 발상은
나와 다른 무엇을 만나고 느낄 때 열리는 법이다.

"다시 쇼핑을 계속 하십시오"

2001년 9·11 사태가 났을 때, 미국의 부시 대통령은 시민들에게 이렇게 호소했다. "다시 쇼핑을 계속 하십시오." 자본주의에서 쇼핑은 사회가 불안 없이 잘 작동하고 있음을 보여 주는 상징과도 같다. 그뿐 아니다. 물건을 사고 소비하는 일은 내가 누구인지를 나타내고 확인받는 행위이기도 하다. 어떤 브랜드의 상품을 쓰는지에 따라 한 사람의 경제적인 형편, 사회적인 지위, 취향 등이 드러나곤 한다.

폴란드 출신의 사회학자 지그문트 바우만(Zygmunt Bauman, 1925~2017)은 쇼핑에서 현대 문명의 본질을 짚어 낸다. 그는 현대 자본주의를 '카지노 문화'라고 잘라 말한다. 모든 제품은 강렬하게 등장했다가 빨리 사라져야 한다. 그래야 또 다른 상품을 시장에 풀어 놓을 수 있기 때문이다. 바우만은 우리 사회가 "상품과 서비스의 수명 단축을 통해 단명성, 휘발성, 불안정성을 생산하는 경제"로 향하고 있다며 한숨을 쉰다. 이것이 왜 문제일까?

지금의 젊은 세대들은 텔레비전, 인터넷이 쏟아 내는 정보의

홍수 속에서 자라났다. 하지만 그들은 과연 다양한 문화와 생각들을 접하고 있을까? 인터넷 광고나 SNS는 나의 취향에 맞는 정보들, 나와 비슷한 사람들과 줄기차게 마주하게 만든다. 사람들은 이제 보고 싶은 것만 보고 듣고 싶은 것만 듣는다. 이런 상황에서는 남다른 생각, 새로운 발상이 나오기 어렵다.

독창성과 상상력, 다르게 생각하는 용기

바우만에 따르면, 현대 문명은 "독창성과 상상력, 나아가 다르게 생각하는 용기"를 가진 사람을 원한다. 끊임없이 새로운 무언가를 세상에 내놓아야 경제가 굴러가는 까닭이다. 그러나 지금의 젊은이들이 과연 창의적인 생각을 할 만한 상황일까? SNS가 발달한 지금은 나와 마음이 맞는 사람들을 찾기가 어렵지 않다. 굳이 생각이 다른 사람들과 힘들게 관계를 꾸려야 할 이유가 없다. 그러나 창의적인 발상은 나와 다른 무엇을 만나고 느낄 때 열리는 법이다. 바우만은 사회학자 리처드 세넷(Richard Sennett, 1943~)의 말을 들려준다.

"서로 다른 기술 또는 흥미를 가진 사람들끼리의 접촉은 무질서할 때 풍성해지고, 규칙을 주려 할 때 빈약해진다."

나와 다른 생각을 있는 그대로 받아들이는 자세가 중요하다는 뜻이다. 바우만은 결혼 생활을 예로 든다. 결혼한 부부는 나무에 물 주듯 꾸준히 관계를 가꾸어 나간다. 숱한 갈등과 다툼은 서로를 알아 가며 새로운 가정을 꾸리는 밑거름이 된다. 쉽게 헤어지는 이들은 이런 경험을 하기 어렵다. 깊은 관계는 서로를 못 견뎌 했던 순간들을 이겨 내는 경험이 쌓이며 만들어진다.

이 점은 정치에서도 마찬가지다. 바우만은 지금의 정치를 '벌 떼'에 견준다. 뜨거운 이슈는 SNS 등을 통해 금방 퍼진다. 사람들은 인터넷 공간에서 벌 떼같이 몰려다니며 같이 흥분한다. 그러나 이런 공감이 조직적인 행동으로까지 이어지는 경우는 많지 않다. 이슈는 또 다른 이슈에 밀려 이내 사라진다. 사람들은 그때마다 새로운 상황과 정보를 함께 '소비'할 뿐, 의미 있는 사회 변화를 이끌어 내지 못한다.

이렇듯 지금 세상은 덧없이 흘러가고 있을 뿐이다. 바우만은 이런 현실을 바꾸기 위해서는 남다른 노력이 필요하다고 말한다.

불편한 관계에서 창의성이 싹튼다

"지금까지 인류는 어디에도 도망칠 곳이 없기에 연합해 왔다." 소설가 밀란 쿤데라의 말이다. 지구는 둥글다. 그리고 세계는 하나의 시장이 되었다. 좋건 싫건, 이제 우리는 서로에게서 도망칠 방법이 없다. 하지만 이런 조건이야말로 창조적인 발상이 싹트는 최고의 조건 아닐까? 비슷한 것끼리의 만남에서 새로운 무언가가 나오기는 어렵지 않던가.

물론, 사람들은 불편한 관계를 힘들어한다. 다른 취향과 감성을 가진 이들과 호흡을 맞추기란 결코 쉽지 않다. 그래서 사람들은 비슷한 부류끼리 어울리려 한다. 하지만 위대한 문명은 항상 여러 문화와 민족이 만나고 부딪히면서 하나가 되어 가는 과정에서 싹텄다는 점을 잊어서는 안 된다.

4차 산업 혁명 시대는 "독창성과 상상력, 나아가 다르게 생각하는 용기"를 원한다. 비슷한 사람들이 모인 모노타이프(monotype) 조직이 갈등이 적을 수는 있다. 그러나 남다른 도전과 창조적인 발상을 할 가능성도 그만큼 낮다. 불편한 관계에서 창의성이 싹튼다는 바우만의 이야기에 귀 기울여야 하는 이유다.

Day-17

'노오력'보다
중요한 것

_하워드 가드너

열심히 달리는 것은 중요하다.

그러나 이보다 먼저 방향을 제대로 잡는 것이

훨씬 중요하다. 목표 지점과 정반대로 뛰고 있다면

숨 막히는 '노오력'은 되레 해가 될 뿐이다.

대한민국, 책상물림들의 공화국

학교의 우등생이 사회에 나가서도 최고로 통하리라는 법은 없다. 교실에서는 책상물림 기질을 가진 학생이 가장 뛰어나다. 차분한 성격에 오래 앉아 있고 배운 내용을 꼼꼼하게 곱씹는 아이가 좋은 성적을 거둔다는 의미다. 활발하고 친구 좋아하며, 가르쳐 준 대로 생각하기보다 자신의 직관에 더 기대는 학생은 어떨까? 성적으로 세운 줄에서는 뒤쪽 언저리를 벗어나기 어려울 테다.

진학을 위해서건 취업을 위해서건, 학교에서 쌓아야 할 중요한 '스펙'은 성적이다. 그런데 시험은 주로 지필 고사로 이루어진다. 논리적으로 생각하고 언어로 표현하는 능력이 우수한 학생들에게 유리한 구도다. 고려 시대부터 따져 보면 우리는 무려 천 년 가깝게 과거 시험 전통 속에서 살아 왔다. 때문에 우리 문화에서는 언어로 묻고 답하는 시험에서 최고의 성적을 거두는 경쟁을 가장 공정하다고 여긴다.

지금 이 순간에도 수많은 젊은이들이 책상에 앉아 씨름하고 있는 이유가 여기에 있다. "노력은 절대 배반하지 않는다."는 말은 대한민국에서 황금률에 가깝다. 여기서 노력이란 더 책상에 오래 앉아 주어진 지식을 제대로 익히며 이를 말로 잘 표현할 수 있도록, 그것도 더 창의적이고 독창적으로 해내도록 힘을 쏟는 일이다.

그런데 만약 책상머리에 제대로 앉아 있지도 않았을 뿐더러, 지필 고사 성적도 시원치 않은 데다가 말로 표현하는 능력도 어눌한 수험생이 합격했다면, 사람들은 이를 어떻게 여길까? 열심히 노력한 학생들은 피눈물을 흘리며 항의할 듯싶다. 나아가 이는 공정하지 못하다고, 노력의 대가를 무시하는 짓이라며 항의가 빗발칠 것이다. 하지만 이런 인재를 뽑는 일이 과연 잘못된 것일까?

다중 지능, 왜 필요한 인재는 늘 부족할까?

심리학자 하워드 가드너(Howard Gardner, 1943~)는 지능을 여러 가지로 나눈다. 음악 지능, 신체 운동 지능, 논리 수학 지능, 언어 지능, 공간 지능, 인간 친화 지능, 자기 성찰 지능, 자연 친화 지능이 그것이다. 따지고 보면, 이런 식의 분류는 대단히 상식적이다. 논리 수학 지능과 언어 지능이 뛰어난 아이는 학교에서 좋은 성적을 받을 가능성이 크다. 하지만 이 아이가 인간 친화 지능과 신체 운동 지능까지 당연히 높을까? 그렇지 않은 경우가 더 많을 듯싶다. 공부 잘하는 아이는 대개 이기적이고 운동도 못한다는 '편견'이 통하는 데는 다 이유가 있다.

문제는 사회에서 논리 수학 지능과 언어 지능보다 다른 지능이 높은 사람을 원하는 경우가 훨씬 많다는 점이다. 예컨대, 민원인들을 상대하는 공무원에게는 논리 수학 지능이 더 필요할까, 인간 친화 지능이 더 중요할까? 수많은 고객들과 상대해야 하는 직장인들은 또 어떤가? 인간 친화 지능과 상대의 처지에서 객관적으로 문제를 바라보는 자기 성찰 지능이 언어 지능만큼 중요하지 않을까? 현장에서 일하는 직업인 경우에는 신체운동 지능과 공간 지능이 높은 사람이 최고의 인재로 대접받을 것이다.

해마다 취업 시즌이면 기업에서는 지원자들의 스펙은 훌륭하지만 마땅히 뽑을 사람이 없다며 한숨이 터져 나오곤 한다. 어렵고 정교한 과정을 통해 선발된 인재들이 정작 일터에서는 시원치 않은 모습을 보이는 경우도 적지 않다. 대한민국은 '책상물림 공화국'이다. 대학 입시도, 취업도, 승진 경쟁에서도 대부분 지필 고사가 중요하기에 책상에 앉아 '열공'하는 것이 최선의 대책으로 여겨진다는 의미다. 하워드 가드너의 다중 지능에 따르면, 우리 사회는 논리 수학 지능과 언어 지능만 제대로 된 '능력'으로 인정하는 셈이다.

이쯤 되면 사회에서 왜 필요한 인재를 좀처럼 구하지 못하는지, 수험생들은 왜 치열하게 노력하고도 인정받지 못하는지 이해가 된다. 열심히 달리는 것은 중요하다. 그러나 이보다 먼저 방향을 제대로 잡는 것이 훨씬 중요하다. 목표 지점과 정반대로 뛰고 있다면 숨 막히는 '노오력'은 되레 해가 될 뿐이다. 책상물림으로 세상을 준비하는 우리네 젊은이들 중 상당수가 이런 처지에 있다.

낭만도 노력이다

노력으로 능력치를 높여야 하는 것은 논리 수학 지능과 언어 지능만이 아니다. 신체 운동 지능도 열심히 운동해서 자라날 것이다. 인간 친화 지능도 다르지 않다. 사람을 많이 만나며 다양한 갈등 상황을 겪어 본 이들은 상대를 이해하는 폭이 넓고 배려심이 깊지 않던가. 자기 성찰 지능 또한 마찬가지다. 감정도 훈련해야 느는 법, 훌륭한 인격을 갖추고 싶다면 마음을 다독이는 수양을 꾸준히 해야 한다. 음악 지능, 공간 지능, 자연 친화 지능 또한 능력치를 높이기 위해서는 나름의 노력이 필요하다.

그렇다면 밤새 술 마시며 인생과 사회에 대해 친구들과 열띤 토론을 한 것은 노력일까, 아닐까? 실연으로 상심한 친구를 위로하느라 수업을 제치고 잔디밭에 누워 두런두런 몇 시간이고 이야기한 것은 단지 시간 낭비였을까? 학교 축제 무대에 서기 위해 하루 종일 기타 연주에 매달리는 것은 공부를 소홀히 하는 것이니 막아야 하는 일일까? 철학책을 읽으며 자신의 삶과 미래에 대해 깊이 성찰하는 과정은 시급한 목표를 놓아 버리는 '쓸데없는 고민'일 뿐일까?

이 모두는 청춘이 누려야 하는 낭만에 가깝다. 이런 과정을 겪으며 젊은이들의 인간 친화 지능, 자기 성찰 지능, 음악 지능 등이 쑥쑥 자라나기 때문이다. 하지만 대한민국의 숱한 젊은이들은 친구를 만나고 여행을 떠나며 방랑하고 젊음을 누리고픈 욕구를 참고 또 참는다. 그러곤 책상물림이 되어 미래를 '돌파'하려 한다. 이런 '노오력'들은 과연 대한민국을 어디로 이끌까? 취업이 어렵고 미래는 불투명한 시대, 젊은이들은 책상 위에서 달리고 또 달린다. 뜨거운 가슴을 지녔을 젊은이들의 얼굴은 날로 파리해진다. 이들이 다다를 종착점은 과연 어디일까? 그들은 과연 헬조선의 상황에서 탈출할 수 있을까?

경험 학습, 가슴 뛰는 삶을 위한 제언

심리학자들은 경험 학습의 중요성을 힘주어 말한다. 경험 학습은 능동적이고 적극적인 도전을 통해 지혜를 쌓아 가는 과정을 말한다. 심리학자 김명철이 『여행의 심리학』에서 설명하는 사례를 직접 들어 보자.

"호기심 많은 아이가 거리에 떨어진 은행 맛이 궁금하여 이를 주워 먹고(능동적 실험), 이를 본 부모가 기겁을 하며 아이를 나무라고(구체적 경험), 아이는 '오늘 엄마 아빠가 왜 나를 혼냈을까?'라며 경험을 곱씹고(이 과정을 반성적 관찰이라고 한다.), 이를 통해 '아! 엄마 아빠는 은행을 싫어하는구나!'라는 추상적 통찰을 얻고(추상적 개념화), 이런 통찰을 다시 새로운 상황에 적용하여 능동적인 실험을 시도('엄마 아빠, 이거 좀 드셔 보실래요? 이거 안 좋아하세요?')하는 과정이 바로 경험 학습이다. 경험 학습은 생생한 지식과 경험을 능동적으로 얻는 학습 과정으로 그 교육적 효과가 뛰어나서 오래 전부터 여러 교육가가 이를 중시하고 교육 현장에 적용하려 했다."

방황과 도전, 시행착오는 젊음의 '특권'이다. "여행을 떠나 볼까?", "그녀에게 고백해 볼까?", "재밌을 거 같은데, 한번 해 봐?" 등, 젊은이들의 호기심과 치기에는 숱한 경험 학습거리들이 녹아 있다. 그들은 수많은 실패와 좌절을 겪으며 생각하고 반성할 테고, 그 과정에서 성장하며 성취와 보람을 쌓아 갈 것이다. 우리의 삶이 그렇듯이 말이다.

지금의 많은 젊은이들은 책상물림으로 보내는 기나긴 시간만이 미래를 위한 준비 과정이라 여긴다. 그러나 책상에서 보내는 시간들은 오히려 경험 학습의 기회를 막는 '성장의 장애물'이 아닐까? 젊은이들을 삶과 도전의 세계로 돌려보내려면 어떻게 해야 할까?

Day-18

멈춰 서는
용기가 필요하다

_지두 크리슈나무르티

자유는 시간이 주어진다고 저절로 누리게 되지 않는다.

자유를 누리기 위해서도 연습과 훈련은 필요하다.

세렌디피티 원리

우리 두뇌는 '자극 중독자'다. 끊임없이 호기심거리를 찾는 다는 뜻이다. 쉬려고 앉아 있을 때도 쉼 없이 휴대폰을 만지거 나 텔레비전을 들여다보게 되지 않던가. 중독자들은 언제나 더 짜릿한 자극을 바라기 마련이다. 호기심거리에 '중독'된 우리 두뇌도 다르지 않다. 언제나 더 많은 정보, 새로운 관심거리를 찾고 또 찾는다. 하지만 이런 상태는 결코 바람직하지 않다. 휴 식의 순간에도 결코 쉬지 못하기 때문이다. 늘 정신이 산만하고 피로해 있으며, 강박적으로 세상 소식에 집착한다.

게다가 이런 상태에서는 남다른 생각과 통찰도 나오기 어렵 다. 기껏해야 쏟아지는 정보를 따라가기에 급급할 뿐이다. 인도 의 현자 지두 크리슈나무르티(Jiddu Krishunamurti, 1895~1986)는 이렇게 살아가는 모습을 '중고품 인생'이라고 깎아내린다. 기 껏해야 남들의 아이디어와 행동을 재탕할 뿐이라는 의미다.

독창적인 생각은 꾸준한 노력만으로 피어나지 않는다. 치열 한 일상에서 벗어나 멈춰 서서 멍하니 휴식을 취할 때, 기발하 고 획기적인 생각이 불현듯 찾아들지 않던가. 이를 심리학자들은 '세렌디피티 원리'(serendipity Principle)라 부른다. 키케로, 몽테뉴, 마크 트웨인, 윈스턴 처칠, 아인슈타인, 존 레넌 등은 창조적인 도전으로 유명한 사람들이다. 이들은 하나같이 바쁜 일상 속에서도 낮잠과 한가함을 찾아 누리는 습관을 갖고 있었다.

진정한 행복은 '나를 잊을 때' 찾아든다

세상의 흐름을 쫓아가기에도 버거운 시대다. 그래서 우리는 온갖 정보를 끊임없이 움켜쥐려 하고 시간도 빽빽하게 채워 쓰려고 한다. 크리슈나무르티에 따르면, 이런 상태에서는 우리가 결코 불행에서 벗어날 수 없다. 진정한 행복은 '나를 잊을 때' 찾아든다.

크리슈나무르티는 아름다운 저녁노을을 예로 든다. 장엄한 풍경을 넋을 잃고 바라볼 때, '나'는 사라지고 없다. 오직 풍경에 오롯이 정신을 내맡기고 있을 뿐이다. 반면, 어수선한 머리로는 경치가 주는 즐거움을 누리기 어렵다. 평상시 우리 두뇌는 이런저런 근심거리와 미래 계획으로 가득 차 있다. 그래서 눈앞의 아름다움을 제대로 누리지 못한다. 크리슈나무르티가 삶의 모든 불행은 현재를 오롯이 살지 못하는 데서 생긴다고 말하는 이유가 이것이다.

어린아이들은 똑같은 만화 영화를 몇 번씩 봐도 그때마다 눈을 반짝이며 장면에 빠져든다. 방금 전까지 투정 부렸더라도 즐거운 일이 생기면 금세 방긋거리며 표정이 바뀐다. 오직 현재에만 충실하므로 과거의 고통과 미래의 불안에 휘둘리지 않는다. 칙센트미하이(Mihaly Csikszentmihalyi, 1934~) 같은 심리학자도 몰입을 행복의 가장 큰 조건으로 꼽는다. 시간의 흐름을 잊을 만큼 오롯이 '지금 이 순간'에 빠져 있을 때, 뿌듯한 삶의 기쁨이 찾아든다는 뜻이다.

그렇다면 어떻게 해야 현재에 충실하게 살 수 있을까? 크리슈나무르티는 '명상'을 하라고 충고한다. 그가 말하는 명상은 눈을 감고 가만히 앉아 있는 수행만을 의미하지 않는다. 그는 우리에게 이렇게 충고한다.

"당신이 행동하는 태도, 말하는 자세는 어떠합니까? 다른 사람과의 관계는 또 어떻습니까? 누군가를 괴롭히고도 명상을 할 수는 있습니다. 거짓말을 하고 때리고, 폭력을 휘두르고 나서도 명상을 하겠다고 말합니다. 그러나 이런 명상이 무슨 의미가 있겠습니까? 당신의 행동, 말과 생각, 이 모든 것이 명상의 일부입니다. 늘 마음을 다듬으며 올바르게 살아갈 때 우리 두뇌는 참으로 고요하게 됩니다."

'프리 타임'은 남는 시간이 아니다

여가(餘暇)는 '남는 시간'이라는 의미다. 반면, 영어의 '프리 타임'(free time)은 자유 시간을 뜻한다. 이 둘은 비슷해 보여도 전혀 다른 뉘앙스를 담고 있다. 여가는 일하고 남는 자투리 시간일 뿐이지만, '프리 타임'은 일에서 벗어나 오롯이 자신에게만 매달리는 자유 시간이다. 자극에 중독된 뇌는 시간이 주어져도 자유를 누리지 못한다. 휴대폰, 게임, 텔레비전 등에 또다시 자신을 맡기고 있을 뿐이다. 이런 상태에서는 창의적인 생각도 자유도 누리기 어렵다.

남다른 발상과 진정한 행복을 누리려면 세상에서 벗어나 '멈

쳐 설 수 있는 용기'가 필요하다. 그대의 일상 가운데 모든 것을 잊고 조용히 침잠해 있는 시간은 얼마나 되는가? 이런 순간을 마련하기 위해서 그대는 얼마나 노력하고 있는가? 자유는 시간이 주어진다고 저절로 누리게 되는 것이 아니다. 자유를 누리기 위해서도 연습과 훈련은 필요하다. 폭포처럼 쏟아지는 자극에 휘둘리지 않도록 마음을 다잡아야 하는 이유다.

Day-19

그대의 적은
존경할 만한가?

_프리드리히 니체

나의 한계를 분명하게 보여 주고

교만한 나 자신을 무릎 꿇릴 사람은 누구일까?

바로 '존경할 만한 적'이다. 현명하고 뛰어난 자들과의

경쟁에서는 패배도 나에게 도움이 된다.

가축이 되거나, 가축을 몰고 다니는 자가 되거나

지구 위의 모든 것은 땅으로 떨어진다. 중력이 끌어당기는 탓이다. 힘껏 높이, 멀리 던져도 결국은 추락한다는 사실에는 변함이 없다. 철학자 니체(Friedrich Wilhelm Nietzsche, 1844~1900)에 따르면 우리의 세상살이도 그와 다르지 않다.

생각이 남다르고 도전 정신이 넘치는 사람이 조직에 들어왔다고 생각해 보라. 구성원들은 과연 그를 좋게만 볼까? "당신 혼자 잘났어?", "주변도 생각해야지. 혼자 일하는 게 아니잖아." 이런 식으로 여기저기서 견제가 들어올 것이다. 성격이 아주 강하지 않는 한, 그의 어깨는 움츠러들며 어느덧 주변 눈치를 보기 시작할 것이다.

이렇게 시간이 흐르다 보면, 그 역시 주변의 고만고만한 사람들과 별다르지 않은 모습으로 바뀌어 간다. 혹여 자신이 튀지는 않는지 늘 전전긍긍할뿐더러, 새로운 누군가가 도드라진 목소리를 내면 무리들과 한 몸이 되어 비난을 쏟아 낸다. 이렇듯 개성도, 도전 정신도 잃어버린 모습이 과연 바람직하고 행복할까?

"그들에게는 가축이 되거나, 가축을 몰고 다니는 자가 되거나, 이 두 가지 선택밖에 없다." 개성을 잃어버린 자들에게 던지는 니체의 비아냥거림이다. 직장 생활을 오래 할수록 영혼을 잃어버리는 것 같다고 하소연하는 이들이 적지 않다. 세월이 갈수록 자신이 욕하던 상사나 동료의 모습과 닮아 가는 자기 모습에 막막한 기분이 드는 건 또 어떤가? 이러한 처지에서 벗어나려면 어떻게 해야 할까?

인간이란 극복해야 할 존재다

니체에 따르면, "인간이란 극복해야 할 존재"다. 주변 눈치를 보며 주눅 드는 내 안의 나약함을 이겨 내라는 뜻이다. 니체는 이를 위해서 무엇보다 "신을 죽여야 한다."고 힘주어 말한다. 신은 내 생각과 행동 가운데 무엇이 옳고 그른지를 결정한다. 신을 따르는 한, 나는 결코 주어진 질서와 관습에서 벗어날 수 없다. 창조자는 기존에 있던 익숙함과 당연함을 깨고 넘어서는 사람이다. 이렇게 볼 때 창조자는 '악마'와도 같다. 이제까지 옳고 정당하다고 여겼던 것을 뒤엎고, 옳지 않다고 생각했던 것들을 제대로 되었다고 주장하기 때문이다.

깊게 뿌리 내린 관습들을 거부하며 새로운 가치를 내세우지 못한다면 혁신은 불가능하다. 만약 변화를 포기하고 기존의 질서를 묵묵히 따르는 편안함을 택한다면 어떻게 될까? 내 삶에도 결국 '가축이 되거나 가축을 부리는 자가 되거나' 하는 선택밖에는 남지 않을 것이다. 그래서 니체는 "평지를 걷는 편안함을 포기하고 산을 오르는 자가 되라."고 충고한다. 도전과 혁신을 위한 노력만이 삶을 의미와 보람으로 불타오르게 하는 까닭이다.

이쯤에서 의문이 들지도 모르겠다. 조직 생활에는 복종도 필수적이다. 사춘기 아이들처럼 천방지축으로 여기저기 들이받기만 한다면 과연 조직이 온전히 굴러갈 수 있겠는가. 하지만 창조를 위해서는 기존의 있던 것을 부숴 버려야 한다. 가장 먼저 깨 버려야 할 것은 나 자신이다. 나의 생각과 행동의 문제가 철저하게 드러나고 무너질 때, 나는 스스로를 뼛속까지 변화시킬 기회를 얻는다.

'존경할 만한 적'과 '경멸할 만한 적'

그렇다면 나의 한계를 분명하게 보여 주고 교만한 나 자신을 무릎 꿇릴 사람은 누구일까? 바로 '존경할 만한 적'이다. 현명하고 뛰어난 자들과의 경쟁에서는 패배도 나에게 도움이 된다. 내가 극복하고 성장시켜야 할 점이 무엇인지가 분명히 드러나기 때문이다.

반면, 질투와 시기심에 휩싸여 뒷말을 일삼는 무리들은 어떨까? 그들은 '경멸할 만한 적'일 뿐이다. 니체는 그들을 무시하고 지나치라고 말한다. 그들의 칭찬은 오히려 나에게 독만 된다. 그들의 비난을 피하고 좋은 평가를 받기 위해 애쓰는 사이, 나의 영혼 또한 소소한 뒷담화에 예민해하는 '자디잔 인간'으로 바뀌어 갈 뿐이다.

하지만 인생은 아무리 높이 오른다 해도 결국에는 땅으로 내려앉게 되어 있다. 니체식으로 말하자면 '중력의 영혼'이 우리를 끌어당기기 때문이다. 그러나 진정 위대한 자들은 주저앉기는커녕 "이것이 삶이던가, 그렇다면 한 번 더!"라고 외치며 또다시 날아오르려 한다. 혁신가의 태도가 바로 이러하다. 반면,

한계를 넘어서려는 의지와 도전을 잃은 삶은 어둡고 쓸쓸하다. 봉급날만을 기다리며 낙타같이 하루하루 묵묵하게 채우는 일상이 즐겁고 아름답다고 하기는 어렵지 않은가.

니체는 우리에게 인간을 넘어선 존재, 초인(Übermensch)이 되라고 가르친다. 그렇다면 스스로에게 물어보라. "나는 꼭 극복하고픈, 그래서 심장이 뛰는 존경할 만한 적이 있는가?" 이 물음에 '그렇다'고 말할 수 있을 때, 인생은 생명력과 의미로 가득 찰 것이다.

Day-20

성장을 끌어내는
'관심의 눈'

_제러미 벤담

세상을 바람직하게 바꾸고 싶다면

지켜보고 바라보는 눈에 사랑이 담겨 있어야 한다.

팬옵티콘과 호손 공장 실험

새벽에 뻥 뚫린 고속도로에서 차들이 과속으로 달리고 있다. 속도계가 가리키는 숫자를 보면 운전자들은 모두 폭주족 수준이다. 하지만 이런 운전자들도 갑자기 모범생처럼 규정 속도를 지키는 지점이 있다. 어디일까? 감시 카메라가 설치된 곳이다. 누군가 나를 바라본다는 사실은 나의 행동을 다잡게 한다.

철학자 제러미 벤담(Jeremy Bentham, 1748~1832)은 일망 감시 체제 즉, 팬옵티콘(panopticon)이라는 감옥 구조를 만들었다. 그리스어로 '모두'를 뜻하는 'pan'과 '본다'는 뜻의 'opticon'을 합성한 말이다. 모든 감방은 간수가 있는 가운데 탑을 마주 보고 늘어서 있다. 감시탑에서는 죄수들이 전부 보인다. 그러나 감방에서는 탑 안에 사람이 있는지 없는지 알 수 없다. 이런 상황에서 죄수들은 교도관이 자기를 지켜보고 있다는 생각을 떨치기 어렵다. 그래서 늘 긴장할 수밖에 없다. 이렇듯 '자신을 바라보는 누군가의 눈'은 잘못된 행동을 막는 강력한 수단이다.

시선은 칭찬의 효과를 내기도 한다. 경영학에서 호손 공장 실험(Hawthorne Experiment)은 유명하다. 원래 이 연구는 공장 안의 빛 밝기가 작업에 어떤 영향을 미치는지를 알아내는 것이 목적이었다. 작업장을 밝게 만들자 노동자들의 생산량이 늘어났다. 이번에는 일하는 공간을 어둡게 만들어 보았다. 이때의 결과는 어땠을까? 놀랍게도 생산 수준은 여전히 높았다. 조명을 어떻게 하건 노동자들은 더 열심히 일했다. 왜 이런 일이 벌어졌을까?

이유는 연구진들이 근로자를 '주의 깊게 관찰'했다는 점에 있었다. 자신의 행동 하나하나를 누군가 관심 있게 본다는 사실은 그 자체로 '응원'의 의미가 있다. 주목받는 일을 할 때와 회사가 별 관심 없어 하는 일을 하는 경우를 견주어 보라. 따뜻한 시선은 영혼을 키우는 햇살과도 같다.

자신을 관찰하는 사람이 어른이다

신독(慎獨)이라는 말이 있다. 이는 "아무도 안 보는 곳에서도 도리에 어긋나는 행동을 하지 않는 마음"을 일컫는다. 어른이 된다는 것은 신독의 태도를 갖추는 과정이다. 성숙한 사람은

"내가 하려는 일을 남들은 어떻게 볼까?"를 끊임없이 되묻는다. 세상의 시선을 자기 영혼에 새겨 넣은 셈이다. 자기를 지켜보는 사람이 없어도, 훌륭한 인품을 갖춘 이들은 스스로가 자신의 관찰자가 되어 생각과 처신을 곱씹고 또 곱씹는다.

인격의 그릇이 더 큰 사람은 보다 크고 너른 시선을 자기 삶에 박아 넣는다. 이집트 원정 때 나폴레옹은 병사들을 향해 외쳤다. "저기 피라미드를 보라. 4000년 역사가 우리를 지켜보고 있다." 조선의 신하들은 임금에게 끊임없이 울며 호소했다. "전하! 역사가 전하를 어떤 임금으로 기억할지 유념하소서!"

이들은 주변 사람들의 눈, 세상의 평가를 넘어서 인류 역사 전체가 자신을 어떻게 바라볼지까지 생각한다. 그들의 생각과 처신은 남다를 수밖에 없다. 그들은 눈앞의 작은 이익에 휘둘려 대의를 저버리지 않는다.

나는 주변 사람들을 어떤 눈으로 보고 있는가?

사람은 사회적 동물이다. 사람은 자기를 바라보는 시선에서 자유롭지 못하다. 자신을 덜떨어진 문제아, 뭐 하나 제대로 못하는 지진아로 바라보는 분위기에서는 잔뜩 주눅 들기 십상이다. 반면, 자신을 가장 뛰어난 엘리트로 여기는 곳에서는 기대에 걸맞아야 한다는 긴장감에 가슴이 뛴다. 나를 바라보는 눈과 마음속 바람은 나의 성격과 미래를 결정짓곤 한다.

내 주변의 사람들을 둘러보라. 같이 생활하는 자들의 면면을 떠올려 보면 한숨이 절로 나올지도 모르겠다. 하지만 칭찬은 고래도 춤추게 한다고 했다. 내가 그들을 한심하게 볼수록 그들은 점점 별 볼일 없는 인간으로 되어 갈 것이다. 큰 가능성을 지닌 뛰어나고 배려 깊은 사람들이라는 기대를 품고 그들을 대하면 어떨까? 칭찬과 기대를 싫어하는 사람은 없다. 자신을 잘 보아 주는 사람에게는 좋은 모습을 보여 주려 노력하기 마련이다. 그러는 가운데 행동과 생각 하나하나가 바람직하고 좋은 방향으로 바뀌게 된다.

인재를 키워 내는 지도자들은 '냉정하지만 따뜻한 눈'을 갖고 있다. 잠자리 눈처럼 잘못을 정확히 짚어 내고 채근하지만, 상대가 좋은 사람이라는 믿음은 결코 내려놓지 않는다. 그들의 말에는 상대방을 더 좋은 인간으로 만들고 싶다는 진실한 애정이 묻어난다.

그렇다면 스스로에게 되물어 보라. "나는 과연 주변 사람들을 어떤 눈으로 바라보고 있는가?" 내 주변 사람들이 형편없는 사람들로 가득한 까닭은 내가 그들을 별 볼일 없는 인간으로 바라보는 탓도 크다.

'감시의 시선'보다 '따뜻한 시선'을

철학자 아우구스티누스는 세상에 나쁜 사람은 없다고 잘라 말한다. 더 좋은 인간과 덜 좋은 인간이 있을 뿐이다. 상대방이 자기밖에 모르는 피도 눈물도 없는 자라고? 이 또한 나쁘지 않다. 자기 이익을 좇는 모습은 '좋은 일'이다. 그러나 자신의 이해관계를 넘어 남들과 사회 전체의 이로움을 좇는 광경은 '더 좋은 일'이다. 칭찬의 말도 칭찬할 만할 때 입 밖으로 나오는 법이다. 눈 뜨고 못 봐줄 지경에 이른 사람을 '따뜻한 시선'으로 바라보며 착한 기대를 안기기란 쉽지 않다.

이런 먹먹한 심정에 휩싸일 때는 아우구스티누스를 떠올리기 바란다. 상대는 인간일 뿐이다. 사람인 이상 부족한 점투성이에 허점도 많을 수밖에 없다. 그러나 이 또한 '좋은 모습'이다. 네 살 어린아이를 보듬는 심정으로 상대를 바라보라. 그리고 상대방이 더 나은 인격을 갖춘 모습을 떠올리며 상대를 대해야 한다. 나의 시선과 기대는 상대의 인격과 행동을 바꾼다. 부모한테 한결같은 사랑을 받는 아이는 엇나가기 어려운 것과 같은 이치다.

자신의 힘겨운 일상을 누군가가 지켜봐 주며 알아준다는 것은 그 자체로 큰 위안이 된다. '따뜻한 시선'을 잊어버리고 '감시의 시선'만을 떠올리는 요즘이다. 세상을 바람직하게 바꾸고 싶다면 지켜보고 바라보는 눈에 사랑이 담겨 있어야 한다. 그대는 주변 사람들을 어떤 마음으로 바라보고 있는가?

4장

세상에 맞설 용기가

필요할 때

인간은 누구나 '자기 합리화'라는 불치병을 앓는다.

자신과 현실을 있는 그대로 바라보는 데는

엄청난 용기가 필요하다.

용기를 갖춘 자만이 지혜로울 수 있는 이유는 여기에 있다.

욕망이 이끄는 대로 움직이지 말고,

이성이 시키는 대로 나아가야 한다.

이는 자기 자신을 끊임없이 설득하고 다잡아야 가능한 일이다.

그대의 삶에 나침반이 될 만한 가치는 무엇인가?

흔들리며 주저하는 그대의 마음을 이끄는 선구자는 누구인가?

두 물음에 대한 답을 찾는 과정은

그대에게 잃어버린 용기를 되찾아 줄 것이다.

Day-21

혐오하지 말고
분노하라

_마사 누스바움

분노는 정당하지 못한 처사에 대해

상대와 맞서게 한다.

반면, 혐오는 상대를 피하고 외면하게 만든다.

혐오는 '남 탓 논리'에서 싹튼다

'등 따시고 배부를' 때는 누구나 사람 좋기 마련이다. 춥고 배고플 때는 다르다. 날이 선 표정에 얼굴 가득 짜증이다. 화풀이로 애먼 상대에게 버럭 화를 내거나 공격하기도 한다. 최근 세계적으로 문제가 되는 '혐오' 문화는 이런 심리로 설명할 수 있겠다.

혐오의 대상은 항상 힘없는 사람들이다. '여혐'(여자 혐오), 동성애자 혐오, 장애인 혐오, 외국인 노동자 혐오, 이슬람 혐오 등 주로 사회의 주된 흐름에서 밀려난 자들이 미움을 산다. 게다가 그들 대부분은 수까지 적다. 왜 사람들은 힘없고 어려운 처지인 이들에게 화를 터뜨릴까? 이유는 간단하다. 마음껏 공격해도 보복당할 위험이 없기 때문이다.

나쁜 정치가들은 혐오를 이용하곤 한다. 히틀러는 '강철과 금속' 이미지로 독일 민족을 감쌌다. 그러면서 유대인들은 '더럽고 냄새나며 축축한 종족'으로 몰아세웠다. 히틀러의 논리는 단순하면서도 강렬했다. 세계 정복의 야욕에 불타는 유대인들이 강인한 독일인들을 음흉함과 탐욕으로 '오염'시키고 있다.

고귀한 아리안족의 나라인 독일이 위대해지려면, 자신을 중심으로 똘똘 뭉쳐 기생충 같은 유대인들을 몰아내야 한다!

정작 '음흉하고 욕심 많으며 세계 정복의 야욕으로 불타던' 사람은 누구였을까? 히틀러 자신이 아니었을까? 이렇듯 혐오는 '남 탓' 논리를 세우곤 한다. 자신들의 단점을 상대에게 뒤집어씌운 채, 우리가 나락으로 떨어지는 이유는 '너희 때문'이라는 논리를 편다는 뜻이다.

기발한 발상은 소수집단에서 나온다

미국의 법 철학자 누스바움(Martha C. Nussbaum, 1947~)은 혐오는 민주주의를 무너뜨릴 그릇된 감정이라고 잘라 말한다. 누스바움에 따르면, 혐오의 밑바닥에는 오염에 대한 두려움이 자리 잡고 있다. 예컨대, 커다란 바퀴벌레가 컵 안을 기어 다녔다고 해 보라. 바퀴벌레가 사라지고 컵을 깨끗이 닦은 후에도 그 컵을 쓰기가 꺼려진다. 왠지 징그러운 무엇이 컵에 남아 스멀거리는 듯 느껴지는 탓이다.

사회적인 혐오도 다르지 않다. 나와는 '다른' 사람들이 나를 오염시킨다고 믿으면, 그들과 손을 잡거나 말을 섞기만 해도 내가 더럽혀질 듯한 꺼림칙함에 빠지게 된다. 그래서 나쁜 정치가들은 '우리'와 '그들'을 항상 나눈다. '우리'는 깨끗하고 위대하지만, 그들은 더럽고 열등하다는 식이다. 그러니 '우리'는 '그들'을 멀리하고 밀쳐 내야 한다는 논리를 편다.

누스바움은 분노와 혐오를 나눈다. 분노는 세상을 발전시키지만 혐오는 사회를 타락시킬 뿐이다. 왜 그럴까? 분노는 정당하지 못한 처사에 대해 상대와 맞서게 한다. 반면, 혐오는 상대를 피하고 외면하게 만든다. 분노는 눈을 치켜뜨고 상대와 싸우는 가운데 진실을 밝히게 하지만, 혐오는 상대를 멀리한 채 편견만 키워 나간다.

일찍이 존 스튜어트 밀(J. S. Mill, 1806~1873)은 민주주의의 기초로 '위해의 원칙'(harm principle)을 앞세웠다. 남에게 피해를 주지 않는 한, 개인이 무엇을 하건 간섭하지 말라는 뜻이다. 민주주의는 서로 다른 생각이 활발하게 꽃필 때 제대로 굴러간다. 혁신적인 생각, 기발한 발상은 보통 비주류인 소수 집단에게서 나오곤 한다. 이들은 존재 자체로 이미 남다르기 때문이다.

분노는 소수자들과 활발하게 토론하게 만든다. 문제를 해결하기 위해서는 상대를 직접 만나 싸워야 하는 까닭이다. 하지만 혐오는 아예 남다른 생각을 밀쳐 내 버린다. 혐오가 널리 퍼진 사회에서는 '우리만 옳고 나머지는 모두 틀렸다.'는 식의 비틀린 생각이 뿌리내린다. 이런 사회는 상스럽고 폭력적인 방향으로 흐르며 허물어지기 십상이다.

간디는 왜 아침마다 화장실 청소를 했을까?

간디(Mohandas Karamchand Gandhi, 1869 ~1948)는 아침마다 화장실 청소를 하곤 했다. 이는 인도 카스트 제도에 대한 반발이었다. 카스트에 따르면, 더러운 아래 계급이 위대한 자들을 '오염'시키지 않게끔 사람들을 계급별로 철저하게 분리해야 한다. 하지만 간디는 화장실 청소를 통해 더러운 것을 매만져도 고결한 정신을 가진 자는 오염되지 않는다는 사실을 몸으로 '입증'했다.

누스바움은 우리 모두는 늙고 병들어 갈 육체를 지닌 약하고 어리석은 존재라는 점을 강조한다. 나는 잘나고 위대하지만 상대방은 못나고 추하다는 식의 논리가 혐오를 낳는다. 나도 부족한 인간이고 상대방도 허점 많은 사람이라는 생각이 자리 잡아야 서로 머리를 맞대고 대화를 시작하게 될 테다.

나아가 누스바움은 "혐오하지 말고 분노하라."고 외친다. 왜 세상은 외국인 이주 노동자들을 '혐오'할까? 이 물음을 외국인 이주 노동자들에게 해서는 안 된다. 이 물음은 세상을 향해 던져야 한다. 이주 노동자들을 혐오하게 만드는 세상의 흐름에 '분노'하라는 뜻이다. '여혐' 분위기를 따지며 여성들에게 책임을 물어서는 안 된다. 여성을 혐오하게 만들 만큼 살기 어려워진 세상의 문제를 따지며 현실에 '분노'해야 한다.

혐오는 남 탓을 하며 문제의 진정한 원인에 눈을 감게 한다. 분노는 미움과 증오를 넘어 사회를 올곧게 세우려는 도전으로 우리를 이끈다. 혐오로 가득 찬 사회의 분위기를 차분한 눈으로 바라보며, 세상을 바꿀 진정한 분노를 가슴에 품을 일이다.

Day-22

유혹하지 말고
설득하라

_귀스타브 르봉

군중 심리가 판을 치는 세상일수록

한 점 의혹 없는 진실의 가치는 역설적으로 더 높아진다.

대중의 지지가 진리가 되다

미국에서 외과 의사들은 증권 투자를 가장 못하는 사람들로 손꼽힌다. 최고의 전문가 집단인 그들은 투자 분석가보다 동료 의사들의 투자 조언을 더 믿기 때문이라고 한다. 스위스의 작가 롤프 도벨리의 책에 나오는 말이다.

자기 분야를 벗어나면 지적 수준이 뛰어난 이들도 여느 일반인들보다 나을 게 없다. 뛰어난 법률가가 휴대폰 요금제까지 꿰뚫고 있으리라는 보장은 없으며, 항공기 기장이 경제 분석에도 뛰어나리라 장담하기도 힘들다. 그럼에도 민주주의에서는 해당 분야 전문가들보다 '여론'을 중요하게 여긴다. '국민의 뜻', '민의' 등은 그 어떤 가치보다 앞서는 명분이 되지 않던가. 시민 대다수가 원하고 선택한 것은 그 자체로 거스를 수 없는 진리처럼 여겨진다.

대혁명 이후 프랑스에서는 100년 넘게 혼란이 계속되었다. 이 시기를 직접 겪었던 사회심리학자 귀스타브 르봉(Gustave Le Bon, 1841~1931)은 '군중 심리'에 주목했다. 민주화된 세상에서 사회를 이끌고 변혁하는 주체는 더 이상 소수 엘리트가 아니다.

집단을 이루어 목소리를 높이는 군중들이다. 권력을 쥐고 세상을 바꾸고 싶다면 군중의 마음을 사로잡을 수 있어야 한다. 대중의 지지를 받으려면 어떻게 해야 할까?

확언하고 반복하고 전염시켜라

르봉은 군중의 특징은 개인과 전혀 다르다고 강조한다. 의사와 육체노동자 사이의 지적인 차이는 무척 크다. 그러나 본능 수준에서 보자면 모든 사람이 엇비슷하다. 누구나 위협에 민감하고 색다른 자극에 끌리며, 편안한 상태를 바란다는 뜻이다. 군중을 이루는 사람들은 교육 정도와 재산 규모에서 모두 제각각이다. 그러나 한데 모여 무리를 이루면, 집단의 판단력은 '본능' 수준으로 떨어져 버린다.

르봉은 군중을 절대 논리로 설득하지 말라고 충고한다. 군중에게는 긴 주장을 따지며 합리적인지 따질 능력이 없다. 군중은 자극적인 말과 장면에 '본능적으로' 흥분할 뿐이다. 그러니 대중의 편견에 들어맞는 짧은 문구나 상황을 들이대는 편이 효과적이다. 프랑스 루이 16세의 왕비, 마리 앙투아네트가 시민들이 굶주린다는 소식에 "빵 없으면 케이크를 먹으면 되지."라고 말했다는 소문은 프랑스를 분노로 들끓게 했다. 하지만 왕비가 진짜 이런 말을 했다는 증거는 없었다. 그럼에도 발언 여부가 사실인지 아닌지에 대해서는 아무도 관심이 없었다. 군중은 듣고 싶은 것만 들으려 하기 때문이다. 르봉은 이렇게 말한다.

"대중은 빛을 쫓아가는 곤충처럼 자신들이 바라는 주장을 펼치는 선동가에게 몰려간다. 군중에게 환상을 제공하는 자는 쉽게 그들의 주인이 된다. 감히 군중의 환상을 검증하고 따지려 드는 자는 희생자가 될 뿐이다."

'정의', '자유', '평등' 같이 모호한 말들은 사람들의 가슴을 뜨겁게 한다. 르봉은 군중을 내 편으로 만들고 싶다면 이런 단어들을 "확언하고 반복하고 전염시키라."고 강조한다. 실제로 내 주장이 정의롭고 자유롭고 평등한지는 중요하지 않다. 자주 듣다 보면 진실인 듯 여겨지는 탓이다. 게다가 많은 사람들이 사실이라고 수군거리기까지 하면 내 주장은 이제 변치 않는 진리처럼 여겨진다.

군중 심리는 무엇이든지 이룰 수 있게 해 주는 '절대반지'와 같다. 그래서 군중의 마음을 얻는 것이 무엇보다 중요하다. 르봉은 이렇게도 말한다.

"갈릴리에서 태어난 무식한 목수의 아들이 2000년 동안 전능한 신으로 여겨졌다는 사실은 믿기 어렵다. 사막에서 나타난 한 무리의 아랍인들이 알렉산드로스 대왕의 제국보다 더 큰 세력을 이루었다는 사실도 믿기 어렵다. 왕가의 오랜 전통이 뿌리내린 유럽에서 이름 없는 포병 중위, 나폴레옹이 황제가 될 수 있었다는 사실은 더욱 믿기 어렵다."

그러나 군중을 내 편으로 만들 수만 있다면 이 모든 것은 가능했다.

신념은 영원하지만 여론은 일시적이다

르봉은 경고도 놓치지 않는다. 대중은 내가 성공하고 잘나갈 때만 내 편임을 잊어서는 안 된다. 군중은 무척 변덕스럽고 보수적이다. 흥분 상태에서 벗어나 냉정을 되찾았을 때 군중은 놀랄 만큼 빠른 속도로 옛 질서로 돌아가 버린다. 대혁명이 일어난 1789년부터 1820년까지, 30년 남짓 프랑스를 지배한 것은 군중 심리였다. 이 시기에 프랑스는 왕정에서 공화제로, 다시 황제의 나라에서 왕정으로 돌아갔다. 국교는 가톨릭에서 무신론으로, 다시 이성의 신을 추앙하다가 아주 경직된 형태의 가톨릭으로 돌아갔다.

우리의 현실도 별다르지 않다. 선거가 벌어질 때마다 주요 이슈에 따라 민심은 춤을 춘다. 지금 이긴다 해서 영원히 사람들의 마음을 살 수 있다는 보장은 없다. 그렇다면 끝까지 민심을 내 편으로 만들려면 어떻게 해야 할까?

르봉은 신념은 위대하고 영원하지만 여론은 일시적이고 변덕스럽다는 사실을 명심하라고 말한다. 아무리 힘세 보여도 군중은 끊임없이 휘둘리는 파도일 뿐이다. 대중을 깨치는 것은 결국 '경험'이다. 숱한 실패와 좌절을 겪으며 군중은 마침내 무엇이 옳고 이로운지를 깨닫게 되어 있다. 물론, 소수의 지혜로운 자들의 주장이 대중의 마음을 파고드는 데까지는 오랜 세월이 필요하다.

그렇다면 군중 심리에 휘둘리는 여론을 이겨 낼 방법은 무엇인가? 르봉의 결론은 오랜 세월 철학자들이 펼쳤던 지혜와 다르지 않다. "대중을 유혹하려 하지 말고 꾸준하게 설득하라. 옳은 신념을 가꾸고 내려놓지 마라."

정말 세상을 바꾸고 싶은 이들은 여론의 흐름만큼이나 자기 주장이 완벽한지 점검하는 데 힘을 기울인다. 군중 심리가 위력을 떨치는 세상일수록 한 점 의혹 없는 진실의 가치는 역설적으로 더 높아진다. 성숙한 민주주의 사회의 여론은 시간이 걸리더라도 결국 모든 비리와 의혹을 밝혀내고 진리의 편을 들어 주기 때문이다. 큰 뜻을 품고 있다면 뚝심 있게 자신의 신념을 가꿔 가야 한다.

Day-23

보고 싶은 것 말고
보아야 할 것을 보라

_아마르티아 센

우리가 세상을 더 낫게 만드는 길은

끊임없이 문제점들을 드러내고 공감을 이루며

단점을 없애 나가는 것뿐이다.

가장 약한 부분이 견디는 수준까지만 성장한다

> "민주주의가 뿌리내린 곳에서는 사람들이 대규모로 굶어
> 죽는 일이 생기지 않는다."

노벨상을 받은 경제학자이자 정치철학자인 아마르티아 센
(Amartya Sen, 1933~)의 말이다. 실제로 20세기의 대규모 기근은
주로 구소련과 북한 같은 독재 국가에서 일어났다. 그중에서도
1958년에 일어난 중국의 대기근은 유명하다. 1961년까지 3년
동안 무려 3000만 명이 굶어 죽는 동안, 마오쩌둥 시절의 중국
은 별다른 대책을 세우지 않았다. 왜 그랬을까?

보도 통제로 언론이 꽉 막혀 있는 상황, 관료들도 권력자의
눈치를 보느라 보고를 제대로 하지 않았다. 식량 실적 또한 승
진 경쟁 때문에 부풀려 발표되기 일쑤였다. 기근 사태가 최악으
로 치닫던 시기에도, 중국 정부는 곡물 보유량을 실제보다 1억
톤이나 높게 파악하고 있었다고 한다.

아마르티아 센에 따르면, 식량이 극도로 부족한 상황에서도
기아 상태인 사람들이 전체 인구의 10퍼센트를 넘는 경우는 드

물다고 한다. 그러니 높은 자리에서 안정된 삶을 꾸려 가는 사람들에게 굶주리는 이들이 눈에 들어올 리 없다. 독재 국가에서 기근 사태가 빈번하게 벌어지는 까닭이다.

반면, 언론이 제대로 작동하는 사회에서는 형편이 어렵고 힘든 사람들이 끊임없이 주목받기 마련이다. 사회에 혜택받지 못하는 사람들이 있다는 사실, 시민들이 그들을 동정하며 대책을 요구한다는 사실은 권력자에게 엄청난 압박이 된다. 굶주리는 자들을 제대로 보살피지 못했다가는 선거에서 표를 얻지 못해 정권을 잃을 수도 있기 때문이다.

아마르티아 센은 사회 발전을 위해서는 경제 살리기만큼이나 민주주의가 뿌리내리는 것이 중요하다고 말한다. 사람이나 사회나 가장 약한 부분이 견딜 수 있는 수준까지만 성장하기 마련이다. 예컨대, 학력이 높고 업무 능력도 뛰어나며 대인 관계까지 좋다 해도, 건강이 좋지 않다면 몸의 상태가 허락하는 그 정도까지만 능력을 펼칠 수 있다. 마찬가지로 기술 수준이 높고 군사력도 막강하며 뛰어난 인재들이 많은 나라라 해도, 국민들 사이에 갈등이 많다면 국가는 이내 무능과 부패에 빠져들곤 한다. 아마르티아 센이 경제 성장만큼이나 시민들의 교육과 생활

수준을 높이는 데 신경 쓰라고 거듭 강조하는 이유다.

'니티'와 '니야야'

그렇다면 사회의 가장 약한 부분을 제대로 보듬을 수 있는 방법은 무엇일까? 아마르티아 센은 정의를 가리키는 산스크리트어인 '니티'(nitti)와 '니야야'(nyaya)의 차이를 설명해 준다. 니티는 무조건 따라야 할 절대적인 정의이다. 아마르티아 센은 신성 로마 제국의 황제 페르디난도 1세가 말했던, "세상이 망하는 한이 있어도 정의를 세워라."는 말을 니티의 예로 든다. 그러나 센은 정의를 바로 세우려다 사람들의 삶이 엉망진창이 됐다면 이때 정의가 무슨 가치가 있느냐고 되묻는다.

정치철학자로서 아마르티아 센은 니티보다 니야야가 바람직한 정의라고 강조한다. 그는 니야야의 예로 19세기의 노예 폐지 운동을 예로 든다. 노예제 반대론자들 중 누구도 노예가 사라지면 세상이 완벽해진다고 주장하지 않았다. 단지, 노예 제도가 문명 사회에 옳지 않으니 사라져야 한다고 외쳤을 뿐이다.

이렇듯 '니야야'는 인간은 누구도 무엇이 절대적으로 옳은지를 알 수 없다는 진실을 받아들인다. 우리가 세상을 더 낫게 만드는 길은 끊임없이 문제점들을 드러내고 공감을 이루며 단점을 없애 나가는 것뿐이다.

민주적 절차를 통해 문제를 끊임없이 발굴하라!

항우의 초나라는 군사력이 막강하고 나라 살림도 넉넉했다. 하지만 어려운 백성들의 마음을 보듬고 약자들을 보살폈던 유방의 한나라를 넘어서지 못했다. 군사력과 강한 사회적 규율이라는 강점만을 극대화하려 했던 진시황의 진 제국은 30년 만에 무너졌다. 그러나 사회적 약자를 보살피는 것을 지도층의 명예로 여겼던 로마 제국은 천 년 넘게 살아남았다.

빛나는 성공과 높은 실적에 취해 있는 상태에서 소외되고 힘든 자들의 처지에 눈 돌리기는 쉽지 않다. 하지만 약자에 대한 관심이 소홀해지는 순간이야말로 몰락의 시작점임을 잊어서는 안 된다. 진정 강하고 오래가는 사회는 보고 싶은 것만을 바라보지 않는다. 보아야 할 것을 끊임없이 찾아내며 관심을 기울인다. 민주적인 절차를 통해 사회의 문제들을 쉼 없이 발굴하며 약자들에게 관심을 쏟아야 한다.

Day-24

왜 우리는 정의롭게
살아야 할까

_보에티우스

정의롭지 못한 이들이 누리는
부와 권력을 우리가 부러워할 이유는 없다.
입에는 단 사탕이 건강에 좋을 리가 없듯,
그들이 누리는 온갖 쾌락은 그들 자신에게
독이 될 뿐이기 때문이다.

소크라테스는 사람들에게 늘 정의롭게 살라고 이야기했다. 하지만 그를 마뜩잖게 여겼던 이들도 적지 않았다. 어느 날, 트라시마코스라는 '열혈 청년'이 소크라테스에게 큰 소리로 따져 물었다.

"당신은 언제나 젊은이들에게 올곧게 살라고 말합니다. 그러나 정직하게 살다가는 남들에게 이용만 당하기 십상이에요. 정작 잘사는 사람들은 정의로운 척하면서 자기 이익은 칼같이 챙기잖아요. 당신은 젊은이들에게 이렇게 가르쳐야 해요. 부와 명성을 누리고 싶다면 도덕적으로 살아서는 안 된다. 윤리적인 척하면서 속으로는 잇속을 챙겨라!"

이 말에 당황한 소크라테스는 왜 우리가 손해를 보더라도 정의롭게 살아야 하는지를 길게 설명한다. 플라톤의 『국가론』은 소크라테스의 장황한 해명을 담은 책이다. 분량만도 무려 400쪽이 넘는 대작이다.

과연 두툼한 『국가론』을 읽고 나면 왜 우리가 왜 정의롭게 살아야 하는지에 대한 답을 알게 될까? 그럴 것 같지 않다. 현실에는 여전히 정직하고 성실하게 사는 이들보다 남을 속이고 편법에 기대는 사람들이 잘사는 경우가 많기 때문이다. 그렇다면 왜 우리는 도덕적으로 살아야 할까?

인생의 성공은 삶의 한순간으로 가늠되지 않는다

철학자 보에티우스(Anicius Manlius Boethius, 480~524)는 이 물음에 좀 더 후련한 답을 준다. 올곧은 고위 관료였던 그는 약삭빠른 자들에게 모함을 당해 바닥으로 추락했다. 반역죄로 몰려 처형을 당하기까지 1년 남짓 동안, 그는 감옥에서 자신이 이토록 고통을 당함에도 왜 도덕적이어야 하는지를 스스로에게 납득시키기 위해 짧은 원고를 썼다. 이것이 로마 제국 최후의 고전으로 꼽히는 『철학의 위안』이다.

보에티우스는 이렇게 말한다. 악한 사람들이 승승장구하는 것은 그들 자신에게 오히려 해롭다. 절제를 모르는 이들이 돈을 많이 번다고 해 보라. 그들에게 쏟아지는 재산은 탐욕만 키울 뿐이다. 그들은 결국 끝 모를 사치와 방탕에 빠지고 말 것이다.

인격이 바닥인 자가 권력을 쥐면 어떨까? 이들은 겸손을 모르기에 교만과 과시를 일삼는다. 남들에게 횡포를 부릴수록, 그들의 심성은 황폐해지고 마음 상태도 불안정해질 뿐이다. 따라서 정의롭지 못한 이들이 누리는 부와 권력을 우리가 부러워할 이유는 없다. 입에는 단 사탕이 건강에 좋을 리가 없듯, 그들이 누리는 온갖 쾌락은 독이 될 뿐이기 때문이다.

아울러 보에티우스는 인생을 길게 보라며 우리를 다독인다. 재산과 명예가 영원할 리 없다. 남을 등쳐 이익을 챙기고 부당한 방법을 써서 높은 자리에 오를 수는 있다. 반면, 정직하고 올바르게 처신했기에 손해를 보며 뒷전으로 밀려나는 경우도 생긴다. 이렇게 얻은 이익과 손해는 긴 인생의 한순간일 뿐이다.

직장 생활을 예로 들어 보자. 아부와 줄타기로 얻게 된 높은 지위가 퇴직 후에도 존경과 좋은 인간관계로 이어지던가? 고지식하게 일해서 승진을 못 했다고, 일터를 떠난 후에도 영원히 무능하고 가치 없는 인간으로 평가받게 될까?

인생의 성공은 삶의 한순간으로 가늠되지 않는다. 짧고 굵은 성공치고 부작용이 없는 경우는 드물다. 뒤탈 없는 성과는 흔들림 없는 원칙과 지루하고 긴 노력으로 맺어지는 법이다. 정의로운 삶이 잇속만 좇는 생활보다 바람직한 이유다.

왜 부자가 되고 싶은가?

나아가 보에티우스는 정의롭지 못한 자들은 결코 행복할 수 없다고 잘라 말한다. 그들은 언제나 부와 권력, 명성에 목을 맨다. 그러나 과연 그들이 많은 재산을 움켜쥐고 권세를 누리며 이름을 떨친다 한들 행복하게 될까? 오히려 그들의 인생은 더욱 헛헛해질 뿐이다. 왜 부자가 되고 싶고, 높은 자리에 이르고자 하는지 곰곰이 따져 보라. 돈과 권력에 대한 욕망 밑에는 사랑받고 싶은 바람, 자유롭고 싶은 기대가 숨어 있다. 사랑과 자유야말로 진정 우리가 바라는 것 아니던가?

돈을 많이 벌면 사람들이 나를 더 인정하고 사랑하게 될까? 오히려 돈 때문에 나를 좋아하는 척하는 건 아닌지 하는 불안감에 시달릴 가능성만 커진다. 마찬가지로 권력이 커질수록 더 자유로워지기는커녕 자신이 언젠가는 모든 힘을 잃고 나락으로 떨어질지 모른다는 초조함에 휩싸이기 쉽다.

반면, 정의로운 사람들은 사랑과 자유를 그 자체로 추구한다. 정직하게 진심을 다해 처신하며 사람들의 마음을 사려 노력하고, 무엇에 얽매이지 않도록 자신의 욕망을 끊임없이 다듬는다.

보에티우스의 설명을 듣다 보면 왜 우리가 도덕적으로 살아야 하는지에 고개를 끄덕이게 될지도 모른다. 그럼에도 현실로 돌아가면 여전히 억울한 마음이 가시지 않을 테다. 세상은 여전히 돈과 권력을 알아줄 뿐, 정직한 일상이 빛을 내는 경우란 좀처럼 없는 탓이다.

하지만 인생의 진리는 겪어야 할 것을 다 겪고, 느껴야 할 것을 다 느낀 다음에야 우리에게 다가오는 법이다. 보에티우스의 가르침이 소중한 이유는 여기에 있다.

Day-25

삶의 의미는
나보다 큰 것에서 온다

_데이비드 브룩스

좋은 목적은 사람들을
더 바람직한 방향으로 끌어올린다.
나아가, '숭고한 목적'을 위해 뭉친 사람들은
서로를 위대한 인물로 만들어 간다.

혼자가 편하고 관계는 불편하다?

소니(SONY)의 워크맨은 획기적인 상품이었다. 워크맨은 주변 사람들과 함께할 이유를 없애 버렸다. 복작이는 지하철에서도 이어폰만 끼면 '나만의 세상'을 즐길 수 있었기 때문이다. 워크맨은 '가전'(家電)을 넘어 '개전'(個電)의 시대를 열었다. 오롯이 나 혼자만을 위한 전자 제품이었다는 뜻이다. 이렇게 본다면 스마트폰도 워크맨의 연장선 위에 있다.

현대는 바야흐로 '나 홀로 시대'다. 스마트폰에 고개를 묻은 채 혼자 밥 먹는 모습도 이제는 낯설지 않다. 일인 가구 역시 늘어나는 추세다. 혼자 있으면 외롭지 않을까? 현대인들은 그렇게 생각하지 않는 듯싶다. 설이나 추석 때면 인터넷에는 '친척 스트레스'를 호소하는 글들로 넘쳐난다. 인간관계에 대한 불평은 여기서 그치지 않는다. 직장이나 학교에서 맺는 관계의 불편함을 호소하는 글들 또한 조회 수가 많고 댓글도 많이 달린다. "혼자가 편하고 관계는 불편하다."는 생각은 이제 대세가 된 듯싶다.

우리 시대 키워드, 우울과 혐오

'나 홀로 문화'는 바람직할까? 우울과 혐오는 우리 시대를 상징하는 키워드이다시피 하다. 아리스토텔레스는 인간을 '정치적 동물'이라고 했다. 인간은 무리 지어 살아야 하는 존재라는 뜻이다. 왜 우울과 혐오가 늘어날까? 이유는 뻔하다. 홀로 지내는 것이 인간의 타고난 본능과 어울리지 않는 탓이다.

혼자 지내는 것이 편하다고? 그럴 리가 없다. 혼자라는 편안함 뒤에는 고독과 불안이 따라붙는다. 심리학자 서은국은 행복을 그림 한 장으로 표현한다. 좋아하는 사람과 함께 음식을 먹는 장면. 그는 우리에게 '사람쟁이'가 되라고 충고한다. 벗들을 많이 만들고 세상과 어울리라는 의미다. 인간은 '생존 확률을 최대화하도록 설계된 생물학적 기계'다. 무리에서 떨어져 나간 자는 살아남을 확률이 크게 낮아진다. 당연히 외롭고 불안할 수밖에 없다.

하지만 누군가는 혼자 있어도 튼실한 인간관계를 가꿀 수 있다고 큰소리칠지 모르겠다. SNS에서는 싫은 사람과 얼굴 맞대지 않고도 좋은 이들과 기분 좋은 관계를 이어 가지 않던가. 그러나 그들은 SNS가 영혼을 비딱하게 만든다는 사실을 잊곤 한다.

우리는 매일 주변 사람들의 눈치를 보며 자신을 조금씩 튜닝 (tuning) 한다. 옷매무새를 보며 내 입성이 괜찮은지 점검하고, 내 말투가 이상하지 않은지 다듬는 식이다. 세상과 동떨어져 지낼 때, 복장과 말본새도 이내 괴이해진다. 사람들과 만나며 자신을 다듬는 과정이 사라지기 때문이다.

어떤 이들은 SNS로 활발히 소통하니 자신은 '은둔형 외톨이'가 아니라고 목소리를 높인다. 안타깝게도 SNS에서는 나와 편한 사람, 마음 맞는 이들하고만 대화하기 쉽다. 그 가운데 '우리'와 다른 주장은 이내 이상한 생각으로 내몰린다. 비슷한 사람들끼리 똑같은 의견만 나누다 보니 집단 전체가 편견에 빠져 버리는 구도다.

이런 상황에서 누군가에 대한 집단적인 혐오가 생기지 않는다면 그게 더 이상할 듯싶다. 외로움이 세상에 대한 두려움을 낳고, 불안한 사람들이 모여 웅성거리는 가운데 특정 집단에 대한 혐오를 키우는 모양새다. 건강한 영혼을 가꾸고 싶다면, 세상 밖으로 나와 사람들과 어울려야 한다. 그렇다면 우리는 어떤 사람들을 사귀어야 할까?

삶의 의미는 나보다 큰 것을 좇을 때 생긴다

인간관계는 크고 아름다운 가치와 함께할 때만 바람직해진다. 마약 중독자끼리는 친할수록 서로에게 해가 된다. 상대를 보며 자신을 더 안 좋은 쪽으로 '튜닝'하는 탓이다. 같이 어울리는 이들은 갈수록 마약쟁이 모습으로 굳어질 테다. 반면, 몸을 건강하게 가꾸려는 목적으로 모인 사람들은 어떨까? 좋은 목적은 사람들을 더 바람직한 방향으로 끌어올린다. 나아가 '숭고한 목적'을 위해 뭉친 사람들은 서로를 위대한 인물로 만들어 간다.

> "자신을 세상의 중심으로 여기는 사람들은 자기 자신만 끔찍하게 살고 있거나 남다른 고통을 받고 있다고 믿는 경우가 많다. 반면, 자신을 자기보다 더 큰 세상의 일부이자 더 긴 스토리의 일부라 믿는 사람들은 그렇지 않다."

미국의 칼럼리스트인 데이비드 브룩스(David Brooks, 1961~)의 말이다. 삶의 의미는 나 자신보다 큰 무엇을 좇을 때 생긴다. 견디기 어려울 만큼 일이 힘든 경우를 예로 들어 보자. 나 혼자

만을 위할 때는 이내 일을 접어 버릴지도 모른다. 그런데 가족을 위해 해야 할 때는 어떨까? 일을 내려놓기가 저어될 테다.

사람 사이는 온갖 오해와 갈등으로 가득하다. 그럼에도 상처를 넘어 깊고 도타운 정을 쌓게 만드는 힘은 어디서 올까? 부모는 '자식을 위해' 상대에 대한 증오를 이겨 내고, 직장인들은 '회사의 번영과 발전을 위해' 이를 악물고 서로에게 미소를 짓는다. 내가 겪는 이 모든 고통이 '더 큰 스토리의 일부'라고 믿는 덕분이다. 데이비드 브룩스는 진정한 인간관계를 이렇게 정리한다.

"함께 살면서 불행한 쪽이 떨어져 지내면서 행복한 쪽보다 낫다."

나를 싫어하는 사람은 내가 고쳐야 할 점을 잘 찾아낸다. 나 또한 미운 상대를 보면서 내가 저렇게 되면 안 되겠다는 다짐을 하게 된다. 이렇게 다져진 애증의 세월은 두 사람 모두를 성장시킨다. 진정한 우정은 '동지 의식'에서 싹튼다. 원대한 뜻을 함께하기에 온갖 관계의 괴로움을 참아 내며 서로에게 익숙해진다는 뜻이다. 그렇다면 스스로에게 물어보자. 나는 어떤 가치를 이루기 위해 사람들과 함께하는가? 이 질문에 답이 분명할수록, 내 주변은 좋은 사람들로 가득 차게 될 것이다.

Day-26

그대가 사숙하는 사람은
누구인가?

_바뤼흐 스피노자

설계도 없이 정교하고 훌륭한 건물을

지을 수는 없다. 마찬가지로 늘 닮아 가고 싶은 인물이

마음에 없다면 그대의 인생은 끊임없이

흔들릴 수밖에 없다.

내일 지구가 멸망하더라도 사과나무를 심겠다?

"(……) 스피노자를 저주하고 추방한다. (……) 스피노자여, 밤낮으로 저주받아라. 잠잘 때도, 일어날 때도 저주받아라. (……) 신께서는 그를 결코 용서하지 마시고, 노여움과 분노가 그를 향해 불타게 하소서. (……) 신께서는 모든 사람들에게서 그의 이름을 지우고 파멸을 내리소서. (……) 어느 누구도 말이나 글로 그와 교제하지 말 것이며, 그에게 호의를 보여서도 안 된다. 그와 한 지붕 아래 머물러서도 안 되며, 그에게 2미터 거리보다 가까이 다가가서도 안 된다. 그가 쓴 책을 읽어서도 안 되느니라."

1656년 유대 교회가 스피노자를 쫓아내며 내렸던 '파문 선언서'의 내용이다. 스피노자는 산송장과 다를 바 없었다. 가족과 친구를 만날 수 없었을뿐더러 사회 활동도 불가능했다. 그는 평생 다락방에서 렌즈를 갈며 혼자 살았다. 스피노자는 이런 삶을 괴로워했을까?

증언에 따르면, 스피노자는 전혀 그랬던 것 같지 않다. 그는

늘 편안해 보였으며 친절하고 배려 깊기까지 했다. 스피노자는
누구에게도 피해가 가지 않도록 조심, 또 조심했다. 하지만 스
피노자는 자신의 믿음에서만큼은 전혀 흔들림이 없었다. "내일
세상의 종말이 오더라도, 나는 한 그루의 사과나무를 심겠다."
그가 말했다고 알려져 있는 이 유명한 말처럼 말이다. 도대체
스피노자는 왜 파문을 당했을까? 그리고 이토록 외로운 삶을
고집스럽게 이어 간 까닭은 무엇일까?

팔랑귀의 운명을 벗어나려면

새롭게 일을 시작할 때, 무엇을 어찌해야 할지 모를 때 사람
들은 주변의 눈치를 보곤 한다. 다른 이들이 어떻게 하는지를
살피며 비슷하게 따라 하기 위해서다. 유별나게 구는 것보다 남
들 하는 대로 묻어 가는 편이 안전해 보여서겠다.

하지만 이런 태도는 자신을 '팔랑귀'로 만들어 버린다. 무엇
을 해도 확신이 없기에 마음은 되레 더 불안하다. 주위의 사소
한 한마디에도 늘 전전긍긍할 테다. 굳건하게 방향을 잡아 주는

나침반처럼 내가 나아갈 방향을 알려 줄 사람이 있으면 얼마나 좋을까? 사람들이 멘토(mentor)를 간절하게 바라는 이유다. 변화가 심하고 결단 내려야 할 상황이 자주 생기는 현대인들에게는 더더욱 그렇다.

스피노자에게 '멘토'는 누구였을까? 그는 평생 데카르트(René Descartes, 1596~1650)를 존경하고 따랐다. "믿을 만한 확실한 이유가 있지 않으면 어떤 것도 참이라 여겨서는 안 된다." 스피노자는 데카르트의 이 말을 평생 가슴에 안고 살았다.

스피노자는 잘나가던 젊은이였다. 최고 성적으로 학교를 마쳤을 뿐만 아니라 무역에 있어서도 출중한 능력을 보여 주었다. 그는 유대인 사회의 지도층으로 풍요롭고 빛나는 삶을 살 운명이었다. 하지만 스피노자는 다른 길을 걸었다.

당시는 과학이 막연한 믿음과 불합리한 제도를 넘어 발전하기 시작하던 때였다. 그러나 과학과 합리적인 생각의 힘은 여전히 약했다. 출세를 위해서라면 낡은 제도와 관습을 따르는 편이 안전했다. 이는 대다수 엘리트들이 택하던 방법이기도 하다. 하지만 스피노자는 삶의 중심을 항상 데카르트에게서 찾았다.

"과연 내가 관습을 따라야 할 충분한 이유가 있는가?"

"내가 선택한 길이 사회를 더 낫게 만든다는 확실한 근거가
있는가?"

스피노자가 수없이 물었을 법한 물음이다. 왕과 귀족이 절대
권력을 쥐고 흔들던 시대, 그는 주저함 없이 관용과 자유에 바탕
을 둔 공화국이 더 바람직한 사회라고 외쳤다. 신의 처벌이 두
려워 성직자들의 온갖 비리에 눈을 감아 버리던 시대, 스피노자
는 자연법칙 외에 확실한 것은 없으며 모든 일은 합리적으로 토
론하여 결정해야 한다고 주장했다. 이런 스피노자의 모습은 힘
가진 이들에게 큰 위협이었다. 자신들의 권력의 뿌리를 흔들 수
있었기 때문이다.

결국 스피노자는 파문을 당하고 사회에서 추방되었다. 확실
하지 않으면 아무것도 받아들여서는 안 된다는 데카르트의 가
르침을 충실히 따른 결과였다. 그렇다면 스피노자의 삶은 실패
한 것일까?

스피노자는 '근대 시대를 연 철학자'로 평가받는다. 만약 그
가 현실에 타협하여 무난한 인생을 택했다면, 그래서 '사상가

스피노자'가 스러져 버렸다면 인류의 발전은 무척 더뎠을 듯싶다. 만약 그랬다면 스피노자도 행복한 인생을 살지 못했을 것이다. 끊임없이 주위를 살피며 부단히 흔들리는 '팔랑귀'들의 운명을 스피노자 역시도 따라야 했을 것이기 때문이다.

그대는 어떤 인물을 사숙하고 있는가?

조선 시대 사대부들은 『논어』, 『맹자』, 『대학』, 『중용』 같은 공자의 말씀을 읽고 또 읽었다. 공자의 말을 자기 영혼에 아로새겨 아예 자신을 '공자처럼' 행동하도록 만들기 위함이었다. 이는 평생 데카르트의 가르침을 안고 살았던 스피노자의 모습과 다르지 않다.

사숙(私淑)이란 '마음으로 한 사람을 본받으며 몸과 정신을 가다듬는 태도'를 말한다. 어찌해야 할지 모를 때, 선택 앞에서 갈피를 잡지 못할 때, 사람들은 지금 이 순간 잘나가는 이들, 화려하게 앞서가는 이들을 떠올린다. 그들을 멘토로 삼아 결정을 내리고 그들처럼 행동하려 한다.

그러나 이런 식의 '따라 하기'는 씁쓸한 뒤끝을 남긴다. 잘해 봐야 2등에 머물 뿐, 그도 아니면 이미 기울기 시작한 성공의 막차에 올라 몰락하는 결말을 맞기도 한다. 큰 성공을 이루는 자들, 의미 깊은 삶을 꾸리는 이들은 다르다. 그들은 보다 큰 물음을 던지며 자신이 믿고 따라야 할 사람들을 찾아 나선다.

그대는 어떤 인물을 사숙하고 있는가? 설계도 없이 정교하고 훌륭한 건물을 지을 수는 없다. 마찬가지로 늘 닮아 가고 싶은 인물이 마음에 없다면 그대의 인생은 끊임없이 흔들릴 수밖에 없다.

"인생의 진정한 성공이란 무엇인가?"
"역사에서 진정한 발전은 무엇이었으며, 이를 이끈 사람들은 어떻게 살았을까?"

그대의 멘토는 이 두 물음에 답이 될 만해야 한다. 인생의 스승을 찾기는 쉽지 않다. 시간 날 때마다 치열하게 자료를 뒤지며 내 인생에 답을 줄 인물을 찾고 또 찾아야 한다.

5장

미래를 여는

혜안이 필요할 때

승부사는 일회일비하지 않는다.
근거 없는 자신감을 버리고,
'이유 있는 불안'을 즐기며 미래를 대비할 뿐이다.
세상에는 회색 지대가 대부분이다.
무엇이 옳고 그른지, 무엇이 맞고 틀린지가
분명하지 않다는 뜻이다.
확신이 고집에 지나지 않는 경우도 적지 않다.
따라서 조급함을 내려놓고
내가 틀릴 수 있음을 인정해야 한다.
혜안은 완벽주의를 버리고 느슨해질 때
찾아들곤 한다. 나를 내려놓고 이성이 들려주는
목소리에 귀를 기울여 보라.

Day-27

이유 없이
오래가는 것은 없다

_에드먼드 버크

누구도 사회의 완벽한 설계도를 만들 수 없기에,

사람들은 머리를 맞대고 끊임없이 현실을

살피며 대안을 찾아야 한다.

성숙한 민주 사회에서 논쟁이 끊이지 않는 이유다.

의학과 법학은 사회 발전의 모델

의사들은 항상 검증된 방식대로 환자를 다루어야 한다. 이를 무시하고 자신만의 치료법을 적용했다가는 처벌받을 수도 있다. 판사들도 마찬가지다. 재판은 항상 판례들을 근거로 이루어진다. 재판관이 자기만의 창의적인 논리로 판결을 내렸다간 큰 문제가 될 수 있다.

이 점에서 의료계와 법조계는 철저하게 '보수적'이다. 과거의 판단과 결과들을 철저하게 존중하기 때문이다. 그렇다고 의술과 법학이 발전하지 않는 것도 아니다. 돌다리를 두드리듯, 신중하게 업적을 쌓으며 조금씩 확실하게 나아간다. 영국의 정치철학자인 에드먼드 버크(Edmund Burke, 1730~1797)는 사회 발전은 의학과 법학의 진보를 모델로 삼아야 한다고 주장한다. 혁명적인 변화보다, 느리더라도 안정 속에서 꾸준히 이루어지는 개선이 바람직하다는 의미다. 때문에 버크는 '보수주의의 원조'로 꼽힌다. 그가 쓴『프랑스 혁명에 관한 성찰』은 '보수주의자의 경전'이라 불리기도 한다.

1789년에 일어난 대혁명은 프랑스를 혼란에 휩싸이게 했다. 자유·평등·박애라는 이념, 낡고 부패한 사회 제도를 뒤엎고 합리적인 절차에 따라 사회를 만들겠다는 이상에는 문제가 없었다. 그럼에도 왜 혁명은 사회를 폭력과 살인의 나락으로 떨어뜨렸을까?

버크에 따르면, "사회 제도가 성공적으로 기능하려면 어느 한 시대의 사람들이 제공할 수 있는 것보다 훨씬 많은 정신적 역량을 필요로 한다." 예컨대, 선진국의 민주주의 제도를 뒤떨어지는 나라에 그대로 적용한다고 해 보자. 과연 사회가 뜻대로 잘 굴러갈까? 대부분은 엄청난 분란을 겪은 후에 다시 후진적인 정치 체제로 돌아가곤 한다. 왜 그럴까?

국민 소득 4만 달러인 나라와 2000달러인 나라 사이에는 엄청난 격차가 있다. 이는 단지 소득이 많고 적고의 차이가 아니다. 잘사는 나라들에는 오랜 세월 동안 사회에 축적된 경험과 노하우가 있다. 이를 무시한 채 후진국이 선진적인 제도만 끌어들였으니 탈이 안 날 수가 없다. 버크가 보기에는 당시의 프랑스가 바로 이 꼴이었다.

혁명가들에게는 과거의 제도와 풍습들이 마뜩잖았다. 어디부터 손대야 할지 모를 만큼 망가진 상황, 그들은 아예 모든 것을 뒤엎고 처음부터 다시 시작하려 했다. 정권을 잡은 국민 의회는 프랑스의 행정 제도를 폐지하고, 국토를 제곱미터 단위로 모두 똑같이 나눈 새로운 행정 구역을 도입하는 계획까지 세웠다. 십진법을 적용한 새로운 달력을 만들기도 했다. 그 결과는 물론 혼돈과 분쟁의 연속이었다.

버크는 "어떻게 짓는지 알기 전까지는 울타리를 부수지 말라."고 잘라 말한다. 그는 정치에서 '신중'보다 중요한 것은 없으며, 혁신이 아닌 '처방'이 사회 문제에 대한 바람직한 해법이라고 주장한다. 단칼에 모든 문제를 풀려 하지 말고, 사회의 균형과 평화를 깨뜨리지 않는 상태에서 그때그때 상황에 맞는 해결책을 찾으라는 뜻이다.

버크에 따르면 인간 사회는 생명체처럼 진화해 간다. 진화 과정은 말도 안 되는 모순으로 가득하다. 인간만 해도 그렇다. 10킬로그램이 넘는 머리를 맨 위에 둔 채 두 발로 무게 중심을 잡아야 하는 구조는 전혀 논리적이지도 안정적이지도 않다. 그럼에도 인간은 오랜 진화를 겪으며 문제들을 조금씩 해결해 가면서 최적의 생활 모델을 만들어 왔다.

　사회도 다르지 않다. 영국의 법은 뒤죽박죽인 듯 보인다. 하지만 오랜 세월 쌓인 지혜가 녹아 있기에 국가를 굴리기에 부족하지 않다. 반면, 혁명기에 새롭게 만들어진 프랑스 헌법은 무려 17번이나 개정을 거듭했고, 정착되기까지 200년 가까운 혼란기를 겪어야 했다.

보수주의의 핵심은 '끊임없는 변화'

　하지만 버크의 보수주의도 변화를 반대하지 않는다. 오히려 '끊임없는 변화'야말로 진정한 보수주의의 핵심이다. 버크는 "변화를 위한 방법을 갖추지 못한 국가에는 보존을 위한 수단도 없다."고 말한다. 그에 따르면 인간의 이성은 결코 완벽하지 않다. 누구도 사회의 완벽한 설계도를 만들 수 없기에, 사람들은 머리를 맞대고 끊임없이 현실을 살피며 대안을 찾아야 한다. 성숙한 민주 사회에서 논쟁이 끊이지 않는 이유다.

민주주의가 자리 잡은 사회에서는 되는 것도 안 되는 것도 없어 보인다. 변화를 위해 따라야 할 절차도 많고 논의 과정도 긴 탓이다. 하지만 온고이지신(溫故而知新), "옛것을 제대로 익혀 새것을 안다."는 옛 격언은 변화와 발전을 꿈꾸는 사람들이 마음에 새겨야 할 영원한 진리다.

현대 사회에서는 빠른 변화와 혁신이 미덕이다. 하지만 급격한 개혁이 퇴보로 끝나는 경우도 셀 수 없이 많다. 이유 없이 오래가는 것은 없다. 변혁의 시대에도 에드먼드 버크가 말하는 '신중'과 '처방'이라는 보수주의의 가치는 여전히 소중하다.

Day-28

운명에
맞서려 하지 마라

_랠프 월도 에머슨

최선을 다해도 실패하는 경우도 많다.

이럴 때 우리의 마음가짐은

'죽을 각오로 운명을 배우는 것'이어야 한다.

거친 운명이 우리에게 축복인 이유

운명은 친절하지 않다. 질병과 재해는 착하게 열심히 산다고 해서 피해 가지 않는다. 태풍은 인정사정없이 모든 것을 쓸어가지 않던가. 경기 변화도 다르지 않다. 세계 경제가 바닥을 긴다. 망하는 기업이 늘어나고 구조 조정으로 밀려나는 이들도 적지 않다.

이런 현실이 억울한 사람들이 어디 한둘이겠는가. 열심히 살았는데도 내 인생은 왜 나락으로 떨어지는지, 내 팔자는 왜 이리 사나운지 가슴이 먹먹하기만 하다. 격랑 이는 바다에서 편안한 항해를 하기는 불가능하다. 마찬가지로 앞이 안 보이는 현실에서 행복하고 밝은 삶을 꾸리기란 무척 어려운 일이다. 이러한 처지에서 우리는 어떻게 해야 할까?

랠프 월도 에머슨(Ralph Waldo Emerson, 1803~1884)은 잔혹한 현실을 이기는 방법을 우리에게 일러 준다. 그는 최악의 인생은 '팔자타령을 늘어놓는 것'이라 잘라 말한다. 일이 안 풀리는 까닭을 주변 상황에서 찾으려 할 때는 대책도 나오기 어렵다. 우리 삶은 난파선이 파도에 휩쓸리듯 속절없이 세상 흐름에 떠

밀려 갈 뿐이다.

에머슨은 "인간은 강과 나무보다 강해야 한다."고 강조한다. 강은 거친 산세를 따라 흘러가고, 그늘 속의 나무는 햇볕이 있는 곳으로 힘차게 가지를 뻗는다. 여건이 어려우면 어려운 대로, 그 속에서 가능한 노력을 해야 한다는 뜻이다.

거친 운명은 되레 우리에게 축복이기도 하다. 쉽고 편한 일, 누구나 해낼 법한 과제는 특별한 경력이 되기 어렵다. 절망적인 상황은 나의 위대함을 빛낼 수 있는 기회다. 우리의 능력은 역경을 하나하나 이겨 내면서 커 나간다. 에머슨에 따르면, 인생의 장애물은 우리의 영혼이 얼마나 자랐는지를 재는 잣대와 같다.

좋은 원인을 만들라

에머슨은 운명에 맞서려 하지 말고 운명의 결을 타고 넘으라고 충고한다. "거친 파도는 배와 선원들을 단숨에 삼켜 버린다. 하지만 물이 흐르는 이치, 배를 조종하는 법을 제대로 안다면 빠른 물살은 배를 이끄는 힘으로 거듭난다."

어려운 처지에서도 성공을 이끌어 내는 자들은 눈앞의 어려움을 인정하고 그 속에서 해법을 찾으려 한다. 이런 자들은 행운을 믿지 않는다. "뿌린 대로 거둔다."는 그들의 생활 신조이기도 하다. 에머슨은 이렇게 말한다. "신(神)이 옳고 그름을 가리는 기준인 '원인'과 '결과'에 따라 일하라. 그러면 그대는 요행을 바라거나 두려워하지 않게 될 것이다. 원리 원칙에 따른 승리 말고는 그대에게 평화를 가져다주는 것은 아무것도 없다."

훌륭한 결실을 이끄는 방법은 좋은 원인을 많이 만드는 데 있다. 물론, 별다른 노력이 없이도 운이 좋아 큰 성과를 거두는 경우도 있다. 그러나 운명을 이겨 내는 사람들은 이를 절대 자신의 업적으로 받아들이지 않는다.

생존 경쟁은 잔혹하다. 조금이라도 뒤처지고 약해지면 금세 강한 자들에게 잡아먹히고 만다. 그러나 크게 보면 생존 경쟁은 진보를 이끄는 원동력이다. 살아남은 동물과 식물은 이전의 생명들보다 더 강하고 뛰어나다. 마찬가지로 혹독한 경제 상황을 이겨 낸 기업과 개인은 전보다 더 튼실하고 강력하다.

에머슨에 따르면, 운명은 앞으로 진전해 가는 과정이다. 진보는 약자가 스러지고 강자가 살아남는 과정을 통해 이루어진다.

그렇다면 우리는 '운명의 협력자'가 되어야 한다. 에머슨은 이렇게도 말한다. "생각만 하다가 자신을 망치지 말고, 어디에 가나 자기 일에 최선을 다하라. 삶이란 지적인 것도 비평적인 것도 아니다. 그것은 오직 강한 것이다."

'아름다운 필연'의 힘

물론 최선을 다해도 실패하는 경우도 많다. 이럴 때 우리의 마음가짐은 "죽을 각오로 운명을 배우는 것"이어야 한다. "최고로 좋은 선박이라 해도, 배의 진로는 바람에 따라 수없이 방향이 바뀌며 조금씩 비틀린다. 그러나 크게 보면 배는 직선으로 나아가고 있다."

에머슨은 '아름다운 필연'(beautiful necessity)을 강조한다. 우리의 인생에는 피치 못할 어려움이 끊임없이 닥치기 마련이다. 하지만 모든 아픔은 우리를 성장시킬 기회이기도 하다. 지혜와 능력은 역경을 하나씩 이겨 내면서 자라나는 법이다.

히브리스(Hubris)와 네메시스(Nemesis)는 그리스 비극의 스토리를 떠받치는 두 기둥이다. 이는 각각 '교만함'과 '복수'를 뜻한다. 인간이 주어진 운명을 거부하고 이를 원망하며 맞서는 '교만'을 부릴 때 운명은 우리에게 '복수'를 내린다. 반면, 영웅은 자신의 운명을 받아들이고 그 속에서 자기가 할 수 있는 최선을 다하곤 한다.

비극의 주인공은 결국 실패할 운명이다. 그럼에도 최선을 다한 그들의 최후는 아름답다. 반면, 별다른 노력 없이 성공을 거저 주운 행운아들은 존경을 받지 못한다. 질투와 시기의 대상이 될 뿐이다.

경제가 어렵고 생활도 팍팍해지는 요즘이다. 그러나 영웅은 항상 난세에 나타나곤 한다. 현실이 힘들수록 내가 영웅으로 거듭날 기회 또한 많아진다는 사실을 놓쳐서는 안 된다. 에머슨은 미국의 정신을 만든 철학자로 손꼽힌다. 절망을 되레 희망의 씨앗으로 여기는 미국 특유의 개척자 정신을 음미해 보라.

Day-29

융통성 있는
원칙주의가 정답이다

_중용

"군자(君子)는 스스로 중(中)을

현실에 적용하려고 한다."

무엇이 사회 전체에 가치 있고 바람직한지를

가늠해 본다는 뜻이다.

예외 없는 원칙은 바람직할까?

요즘 세상에는 만만한 사람이 없다. 누구나 어깨를 펴고 당당하게 제 할 소리를 한다. 잘못을 손가락질하면, 되레 눈을 치켜뜨고 달려들지도 모르겠다. 그럴듯한 이유를 둘러대며 말이다. 따지고 보면 세상에는 나쁜 사람이 없기는 하다. 사람을 끔찍하게 죽인 이들도 나름대로 사연이 있다. 힘겨운 어린 시절, 괴롭힘 당하고 버림받은 기억 등 성격이 삐뚤어질 수밖에 없었던 까닭을 듣고 나면 어느덧 용서하고픈 마음이 샘솟기도 한다.

궁지에 몰린 이들은 누구나 훌륭한 변명거리들을 내세운다. 물론, 인권을 존중하는 사회라면 이들의 말을 흘려들으면 안 된다. 하지만 이럴수록 원칙은 무너지고 처벌도 흐릿해진다. 보듬어야 할 것이 너무 많으면 좀처럼 되는 것도 없는 법, 끝없는 말 잔치 속에서 사회는 점점 침울해져 간다.

반면, 독재자가 다스리는 사회는 어떨까? 그들은 '예외 없는 원칙'을 내세운다. 규칙을 어겼다면 반드시 처벌받아야 한다. 절절하게 사연을 늘어놓아도 아무 소용 없다. 사람들 얼굴에는 긴장감이 맴돌고, 사회는 기계처럼 착착 돌아간다. 그러나 인류가 독재자 밑에서 만족했던 적은 없다. 내가 행복하지 않은데 사회가 잘 돌아가면 뭐 하겠는가? 사람들은 끊임없이 자유를 꿈꾼다. 그래서 원칙은 흔들리고 사회는 또 불안해진다.

올곧은 원칙이 있으면서도 사람들 하나하나의 사정도 소중하게 여기는 사회는 불가능할까?『중용』은 이 물음에 대한 답으로 '융통성 있는 원칙주의'를 일러준다.

다섯 가지 인간관계에 충실하라

아리스토텔레스는 중용을 넘치지도 부족하지도 않은 것으로 본다. 예컨대, '용기'는 만용과 비겁의 중간이다. 그러나 동양 고전인『중용』의 생각은 다르다. 자비로움과 엄격함의 중용은 무엇일까? 적절한 엄격함이 아니다. '관대하면서도 엄격하게 하는 것'이다. 부드러울 때는 부드럽지만, 다그칠 때는 강하고 당당해야 한다는 뜻이다. 상황에 맞게 적절하게 감정을 내보이고 행동하는 것이 중용이다.

물론 이렇게 되기는 쉽지 않다. 공자마저도 불안해하며 이렇게 고백했을 정도다. "사람들은 나를 지혜롭다고 한다. 그러나 나는 노력해도 한 달 동안 충실하게 중용을 지키며 살지 못한다." 그렇다면 중용을 기르기 위해 어떻게 해야 할까?

『중용』은 훌륭한 사람이 되기 위해 특별한 훈련을 해야 한다고 가르치지 않는다. 일상에서 내가 마주치는 사람들을 진심(忠)과 관용(恕)으로 대하라고 충고할 뿐이다. 사람 사이는 크게 다섯으로 나누어진다. 부모와 자식, 지도자와 따르는 자, 아내와 남편, 선배와 후배, 친한 친구들. 이 다섯 관계가 바로 오륜(伍輪)이다.

맹자(孟子, 기원전 372?~기원전 289?)는 이렇게 말한다. 부모와 자식 사이에는 친밀함이 있어야 하고(父子有親), 지도자와 따르는 자 사이에는 의로움이 있어야 하며(君臣有義), 아내와 남편은 서로를 존중해야 하며(夫婦有別), 친구들 사이에는 믿음이 있어야 한다(朋友有信).

이렇듯 다섯 가지 인간관계를 훌륭하게 맺으려면 어떻게 해야 할까? "내가 누군가에게 대접받기를 원하는 것처럼 상대를 대접하라."는 말에 따르면 된다. 아랫사람에게 인정받고 싶으면 윗사람을 먼저 존경하도록 하라. 친구가 나를 믿고 따르게 하고 싶다면 나부터 상대에게 마음을 열어야 한다.

보다 큰 눈으로 세상을 바라보라

　말은 쉽지만 실천으로 옮기기는 당연히 쉽지 않다. 그래도 『중용』은 끊임없이 노력하고 또 노력하라고 말한다. "주위 사람이 한 번 해서 잘하면 나는 백 번을 할 것이며, 주위 사람이 열 번 해서 잘하면 나는 천 번이라도 할 것이다." 이른바 '독행'(篤行)하라는 말이다. 독(篤)은 '두껍다'는 뜻이다. 독행은 예전의 나쁜 습관이 다시 나타나지 않도록 바람직한 행위를 하고 또 하는 자세를 일컫는다. 이런 태도로 살다 보면 나는 어느덧 좋은 사람으로 바뀌어 있을 테다.

　그러나 상대를 내 마음이 원하는 대로 대하기만 해서는 안 된다. "중용에 어긋나는 소인(小人)의 삶은 이해 관계를 우선시하여 어려워하거나 거리끼는 것이 없다." 이익과 손해의 잣대로만 사람을 대했다가는 갈등만 커진다. 마음을 얻으려면 더 큰 눈으로 세상을 바라보아야 한다. "군자(君子)는 스스로 중(中)을 현실에 적용하려고 한다." 무엇이 사회 전체에 가치 있고 바람직한지를 가늠해 본다는 뜻이다.

이렇듯 '융통성 있는 원칙주의'를 세우려면 부단히 고민해야 한다. '좋은 사회를 만들고 싶으면 이렇게 하라.'는 식의 딱 부러진 답을 찾고 싶은 이들은 『중용』이 오히려 답답하게 다가올지도 모르겠다. 중용을 따르는 삶에는 정답이 없다. 어떻게 살아야 한다는 큰 원칙이 있을 뿐, 상황에 따라 그때그때 다르게 생각하고 움직여야 한다. 그만큼 혼란에 빠지기도 쉬울 듯싶다.

하지만 유교를 따르던 우리나라와 중국, 일본의 모습을 보면 꼭 그렇지도 않다. 우리 시대의 유학자 신정근 교수는 유교가 지배하던 곳에서는 전쟁이나 혁명이 훨씬 적었다는 사실을 일깨워 준다. 유교에서는 힘으로 상대를 누르기보다 상대의 마음을 헤아리고 이기심을 다독여 평화를 지키려 한다. 갈등을 터뜨려 해결하기보다 아예 다툼의 씨앗을 없애 버리려는 구도다.

에릭 홉스봄(Eric Hobsbawm, 1917~2012)은 20세기를 '극단의 시대'라고 불렀다. 우리 시대도 별다르지 않은 듯싶다. 그러나 세상일 가운데 자로 재듯 분명하게 잘잘못을 따질 수 있는 것은 별로 없다. 큰 틀에서 바람직한 방향을 바라보고 각자의 처지를 헤아려 보려는 노력이 필요하다.『중용』은 이를 위한 지혜를 일깨워 준다.

Day-30

기회주의와
현실주의는
어떻게 다른가?

_이마누엘 칸트

계몽이란 "미성년에서 벗어나는 것"이다.

다른 사람에게 이끌리지 말고

자기 스스로 생각하라는 뜻이다.

칸트는 기회주의자였을까?

철학자 칸트(Immanuel Kant, 1724~1804)는 혁명의 시대를 살았다. 옆 나라 프랑스에서는 프랑스 대혁명이 일어났으며, 바다 건너 아메리카 대륙에서는 왕이 없는 민주주의 국가가 뿌리내리고 있었다. 이러한 혁명의 기운은 칸트가 살던 프로이센 왕국에도 스며들고 있었다.

칸트는 자유, 평등, 박애라는 프랑스 혁명 정신에 적극 찬성했다. 이 때문에 칸트는 인권의 새 장을 연 계몽주의의 선구자로 꼽히곤 한다. 반면, 칸트는 민주화 바람에 맞서 왕의 신성함과 권위를 정당화해야 하는 '국가 철학자'이기도 했다. 당시 그의 신분은 왕이 임명한 쾨니히스베르크 대학의 교수였기 때문이다. 이러한 모순되는 요구 앞에서 칸트는 어떻게 행동했을까?

놀랍게도 칸트는 정부와 별다른 충돌을 일으키지 않았다. 오히려 칸트는 대학 총장을 두 번이나 지낼 정도로 왕에게 인정받기도 했다. 동시에 그는 절대 권력에 맞선 계몽주의 철학자였다. 칸트는 자신의 속마음을 감추는 기회주의자였을까? 절대 그렇지 않다. 그는 자신의 생각과 생활이 완벽하게 일치하는 원칙주의자였다. 그는 나름의 '생활 법칙'을 통해 모순된 상황을 이겨 나갔을 뿐이다.

조직인의 삶과 자유인의 삶

「계몽주의란 무엇인가라는 물음에 대한 답변」이라는 짧은 논문에는 칸트 자신의 처세 원칙이 잘 소개되어 있다. 그는 군 장교의 예를 든다. 군인은 무조건 명령에 따라야 한다. 소신을 앞세우며 잘잘못을 따졌다간 군대의 기강은 무너지고 만다. 하지만 일과를 마친 후 장교가 군복을 벗고 '자유인'으로 돌아왔을 때는 어떨까? 이때는 군대의 문제를 끄집어내서 비판해도 아무 문제가 없다. 군인은 직업일 뿐, 그 사람의 본질이 아니기 때문이다.

우리의 직장 생활도 마찬가지다. 직장인으로서 우리는 조직의 방침에 따라야 한다. 나의 생각과 다르더라도, "우리 회사의 지침은 이렇습니다."라며 회사 밖 사람들을 설득할 줄도 알아야 한다. 반면, 근무 시간 이후 '자유인'으로 돌아갔을 때는 회사의 문제를 냉철하게 짚으며 비판하고 토론해야 맞다.

언뜻 칸트의 말이 궤변처럼 다가올지 모르겠다. 결국 칸트는 부조리한 현실에 맞설 힘이 없으니 뒤에서 욕하며 힘을 모으라고 꼬드기는 것 아닌가? 그러나 칸트는 절대 꼼수를 부릴 사람이 아니다. 그는 계몽이란 "미성년에서 벗어나는 것"이라고 잘라 말한다. 다른 사람에게 이끌리지 말고 자기 스스로 생각하라는 뜻이다. 윗사람 지시에 무작정 따르는 편이 속 편할 때도 많다. 어떻게 할지 고민하지 않아도 될뿐더러 자신에게 책임이 돌아오지도 않기 때문이다.

하지만 이렇게 지내다 보면 우리는 어린아이의 상태에서 벗어나지 못한다. 칸트라면 이렇게 되물을 듯싶다. 스스로 판단하지 못하는 사람들로 가득한 조직이 과연 건강할까? 회사의 문제를 객관적으로 따지고 들려는 사람들이 없다면 조직의 미래는 어떻게 될 것인가? 문제의식 없는 조직은 위험하다. 구성원 각자가 고민하며 끊임없이 비판의 목소리를 낼 때, 조직은 건강하고 튼실해진다.

그래서 칸트는 "sapere aude!"를 힘주어 외친다. 이는 "감히 알려 하라!"는 말이다. 권위에 짓눌리지 말고 '이성의 자유', 즉 자유로운 생각으로 무엇이 합리적이고 바람직한지를 따져 보라는 뜻이다. 그러면서도 조직 안에서 각자는 자신에게 주어진 일에 충실해야 한다. 칸트가 바로 그렇게 살았던 사람이다. 자유인으로서 그는 절대 왕정과 교회의 문제를 거리낌 없이 들춰 내며 비판했다. 그러나 '국가 공무원'으로서 그는 자신의 소신을 접을 줄도 알았다. 칸트는 이렇게 말한다.

> "만약 어떤 이의 생각이 모두 옳다고 해도, 그 믿음을 언제나 공공연하게 말해야 하는 것은 아니다."

객기와 용기는 다르다

칸트는 철저하게 현실적인 사람이었다. 세상에는 객기를 용기로 착각하는 이들이 적지 않다. 의무에 충실해야 할 때와 조직의 문제를 들춰 내야 할 시기는 다르다. 기회주의자는 자신의 이익을 위해 건전한 비판을 뒤로 감춘다. 반면, 원칙주의자는 자신의 집단을 더 낮게 만들기 위한 비판을 서슴지 않는다. 그럼에도 조직의 일원으로 행동할 때는 자신의 의무에 최선을 다한다. 이 점에서 최고의 원칙주의자는 최상의 현실주의자이기도 하다. 그대는 기회주의자인가, 현실주의자인가? 문제의식은 키우되 의무에 충실하라는 칸트의 가르침을 되새겨 보라.

Day-31

고독,
일생의 임무

고독(solitude)과 외로움(loneliness)은 다르다.

정신을 사로잡는 자극들이 사라질 때 그대는 어떻게 하는가?

고독하지 못해 생기는 병

정신 질환은 불면증에서 비롯되는 경우가 많다고 한다. 잠을 잘 이루지 못하면 마음에 문제가 생긴다는 뜻이다. 영국의 정신 의학자 앤서니 스토(Anthony Storr, 1920~2001)는 이를 '고독하지 못해 생기는 병'이라 설명한다.

잠을 잘 때는 누구나 '혼자'다. 아무리 사랑하는 사람이라 해도, 꿈까지 '같이' 꿀 수는 없다. 제아무리 나에게 집착하는 자라 해도 나의 잠 안으로까지 들어오지는 못한다. 더 나아가 앤서니 스토는 고독을 충분히 누려야 비로소 '나다운 나'가 된다고 강조한다.

귀가 얇은 사람은 자기를 잃어버리기 쉽다. 세상이 무엇을 바라는지, 주변 사람들이 무엇을 원하는지에만 신경 쓰다 보면 정작 자신이 뭘 원하는지는 잊어버리고 만다는 의미다. 사회는 독창적이고 상상력이 풍부한 인재를 바라고 있다. 하지만 주변 상황과 사람들에게 휩쓸리는 사람이 과연 '자신만의 독특함'을 갖출 수 있을까?

고독과 외로움은 다르다

소설가 올더스 헉슬리는 20세기를 '소음의 시대'라 불렀다. 물리적 소음, 정신적 소음, 욕망의 소음이 우리 주변을 가득 채우고 있다. 조금만 정신 줄을 놓아도 숱한 소식과 정보, 광고들이 내 생각과 감정을 쥐락펴락하게 될 테다. 21세기에 들어, 소음은 더욱 심해졌다. 이제는 좀처럼 사람들이 혼자 있지를 못한다.

SNS를 예로 들어 보자. 홀로 침대에 누워도 우리는 좀처럼 마음을 보듬으며 휴식을 취하지 못한다. 스마트폰의 화면을 들여다보며 주변의 소식들에 '좋아요'로 반응하거나, 댓글을 살피며 세상에 '반응'하고 있을 뿐이다. 어찌 보면 술병을 내려놓지 못하는 알코올 중독자와 비슷해 보이기까지 한다. 이런 모습이 거듭될수록 우리는 더더욱 '고독할 줄 아는 능력'을 잃어만 간다. 이쯤 되면 왜 독창적인 생각, 창의적인 인재가 드물어지는지가 쉽게 이해될 듯싶다.

앤서니 스토에 따르면, 남다른 생각을 했던 천재들은 고독을 즐길 줄 알았다. 20세기 최고의 철학자 루트비히 비트겐슈타인은 숲속 오두막에서 몇 달씩 홀로 지냈고, 베토벤도 작곡의 결정적인 순간에는 특유의 괴팍함으로 스스로를 외롭게 만들었다.

삶의 진정한 변화는 외톨이가 되었을 때 시작되는 경우가 많다. 앤서니 스토는 금연을 예로 든다. 흡연자가 많은 직장에서 생활하면서 담배를 끊기란 쉽지 않다. 그러나 휴가나 긴 출장 등으로 동료들과 멀어졌을 때는, 담배를 피고 싶은 욕구가 저절로 스러지곤 한다. 이렇듯 무리에서 떨어져 혼자 지내는 시간은 삶을 '리셋'(reset)시켜 안 좋은 습관들을 내려놓게 하는 효과를 낳기도 한다.

하지만 현대인들은 고독을 누리기 쉽지 않다. 고독(solitude)과 외로움(loneliness)은 다르다. 정신을 사로잡는 자극들이 사라질 때 그대는 어떻게 하는가? 불현듯 스마트폰을 집어 들고 있지는 않은가? 그렇다면 당신은 '소음 중독자'일 가능성이 크다. '자기다움'을 갖춘 위대한 정신을 가꾸고 싶다면 고독할 줄 알아야 한다.

천재를 만드는 것은 고독이다

"일에 치이고 쾌락에 진력이 났을 때, 고독은 얼마나 반갑고 고마운가." 시인 윌리엄 워즈워스의 말이다. "대화는 서로를 이해하게 만들지만, 천재를 만드는 것은 고독이다." 『로마 제국 쇠망사』를 쓴 에드워드 기번의 명언이다. 내 주의력을 잡아끄는 온갖 소음이 넘쳐나는 시대, 그대는 과연 '고독을 누리며 자신을 가꿀 능력'을 갖추고 있는가?

앤서니 스토는 고독은 우리가 지켜야 할 '일생의 임무'라 강조한다. 독창성과 상상력이 중요한 시대다. 나에게는 과연 고독을 즐길 능력이 있는지, 홀로 있음을 단지 외로움으로 받아들이고 또다시 자극을 찾아 고독으로부터 달아나고 있지는 않은지 반성해 볼 일이다.

Day-32

이성이
지배하게 하라

_애덤 알터

진정 '인간다운 인간'은 이성으로

본능을 이용할 뿐

본능의 노예가 되지는 않는다.

휴대폰을 내려놓기 어려운 이유

'노모포비아'(nomophobia)라는 신조어가 있다. 이는 'no-mobile phone phobia', 즉 '휴대폰 공황 장애' 정도로 옮길 수 있는 말로, 휴대폰이 잠깐만 사라져도 불안해하는 현대인의 모습을 꼬집는 표현이다.

최초의 스마트폰인 아이폰은 2007년에 나왔다. 10년 남짓이 흐른 지금 스마트폰은 '인류 최대의 중독 유발 물질'이 되다시피 했다. 하루 종일 휴대폰 화면에 코를 박고 있는 이들을 흔하게 볼 수 있다. 이토록 스마트폰이 우리 정신을 강렬하게 사로잡은 까닭은 무엇일까?

미국의 심리학자 애덤 알터(Adam Alter, 1980~)는 그 이유 중 하나로 '관계 중독'을 꼽는다. 인간은 집단생활을 하는 영장류이다. 자연 상태에서는 따돌림을 받아 무리 밖으로 밀려나면 죽음에 이르기 십상이다. 이 때문에 남들이 나를 어떻게 보는지, 나에 대한 평판은 어떤지에 전전긍긍하는 마음은 우리의 본능에 가깝다. 어떻게든 무리 안에서 버텨야 살아남기 때문이다.

모바일 기술은 관계에 매달리는 우리의 본성을 교묘하게 파고른다. 예컨대, PBL이라는 널리 알려진 게임 설계 기법은 포인트(Point), 배지(Badge), 리더 보드(Leader board)를 줄인 말이다. 숫자는 비교하기가 쉽다. 자기가 포인트를 얼마나 쌓았는지는 자신이 어느 정도 가치를 가졌는지를 분명하게 드러낸다. 우리가 포인트, 즉 점수에 예민하게 구는 이유다. 배지는 자신의 '성분'을 나타낸다. 회원 등급이 실버인지 골드인지 플래티넘인지에 따라 어깨에 들어가는 힘이 어떻게 달라지는지 떠올려 보라. 리더 보드, 즉 순위표는 설명할 필요도 없겠다. 전체에서 자신이 몇 위인지에 무심하기란 정말 어렵지 않던가. 높은 순위는 더 안전한 생존을 보장한다는 사실은 '상식'에 가깝다.

모바일 공간은 PBL들로 넘쳐난다. '좋아요'를 누른 개수, 내 글에 달린 댓글의 수와 조회 순위, 회원 등급의 승급과 강등 등으로 내가 무리에서 어느 정도 위치인지를 촘촘하게 일러 주는 사이트와 앱들이 어디 한둘이던가. 관계에 민감한 인간의 두뇌는 이런 신호들에 정신 줄을 놓아 버린다. 지위와 순위가 뒤로 밀리고 있다는 불안함, 능력 있는 존재로 우러름을 받고 싶다는 인정 욕구는 마약처럼 우리 마음을 사로잡는다. 이럴수록 모바일 기기들을 손에서 내려놓기가 점점 어려워진다.

자신이 파는 중독 물질에 손대지 마라

그렇다면 하루 종일 모바일 기기를 끼고 사는 현대인들을 과연 나쁘다고만 할 수 있을까? 중독 전문가들 가운데는, "인구의 35퍼센트 이상이 어떤 질병을 앓고 있다면 이는 이미 병이 아니다."라고 말하는 이들도 있다. 병이라기보다는 그냥 보편적인 현상으로 받아들여야 한다는 뜻이다. 이제는 모바일에 매달리는 사람들의 모습을 현대 사회의 한 측면으로 자연스럽게 받아들여야 할 듯도 싶다. 하지만 오프라인에서 대화와 모임이 점점 사라지는 현상, 화면에 적응해 갈수록 거북목이 되어 가는 현대인들의 체형은 여전히 우리 마음을 불편하게 한다. 왜 그럴까?

스티브 잡스는 일찍이 누구나 아이패드 하나씩은 가져야 하는 시대가 온다고 외쳤다. 그럼에도 정작 자기 자녀들만큼은 절대 쓰지 못하게 했다. 독서와 사색은 그가 가장 많이 했던 활동이다. "자신이 파는 중독 물질에 절대 손대지 마라." 이는 마약상들에게는 절대 진리에 가까운 생활신조이다. 마케팅에서는 인간의 본능에 호소할수록 효과가 좋다. 반면, 본능적인 욕구에 빠져들수록 우리의 생활은 진창 속으로 떨어지고 만다. 영리한 사람은 다른 이들의 본능을 이용하면서도 자신은 본능을 다스릴 줄 안다. 고대 로마에서는 중독되었다는 사실이 노예가 되었음을 뜻했다고 한다. 그렇다면 하루 종일 모바일을 손에서 내려놓지 못하는 당신도 혹시 노예가 되어 가고 있는 것은 아닐까?

관계를 배우는 데도 결정적 시기가 있다

언어를 배우는 데는 크리티컬 에이지(Critical Age), 즉 결정적 시기가 있다고 한다. 13세 언저리를 넘어서 배운 언어는 아무리 열심히 해도 모국어처럼 입에 붙지 않는다는 뜻이다. 인간관계도 다르지 않을 듯싶다. 어른이 되어 만난 사이는 관계를 오래, 진실되게 꾸려 가기가 쉽지 않다. 관계를 맺는 기술도 언어처럼 인생 초반부에 배워야 하는 이유다. 밀레니엄 세대들에게는 모바일이 전기처럼 자연스러운 삶의 일부다. 태어났을 때부터 이미 그들에게는 인터넷 세상이 펼쳐져 있었기 때문이다. 지금 젊은 세대에게는 직접 사람과 만날 기회보다 화면으로 서로에게 '접속'하는 시간이 훨씬 많다. 이들이 과연 제대로 된 인간관계를 익힐 수 있을까?

철학자 아리스토텔레스는 인간의 본질은 '이성'(logos)에 있다고 했다. 반면, 현실에서는 본능적인 욕망이 언제나 이성보다 훨씬 더 큰 호소력을 갖는다. 그러나 진정 '인간다운 인간'은 이성으로 본능을 이용할 뿐 본능의 노예가 되지는 않는다. 노모포비아가 질병이 아닌 정상으로 받아들여지는 시대다. 이럴수록 "이성이 지배하게 하라."가 우리 삶의 모토가 되어야 하지 않을까?

Day-33

'15분간의 명성'이
'나'는 아니다

_엘자 고다르

인터넷의 가상 자아에 공을 들일수록

자신은 완벽하고 위대한 사람이며

세상은 내 뜻대로 돌아가야 한다는 나르시시즘에서

벗어나지 못한다.

이런 상태는 늘 일상을 불안과 초조로 물들이며

삶을 불행으로 이끌 뿐이다.

인터넷 속 내가 실제의 나보다 중요하다?

"어디야?" "지금 어디세요?"

우리의 일상에서 흔히 쓰는 말이다. 하지만 이런 물음은 100여 년 전까지는 무척 이상했을 것이다. 나하고 말을 나누는 사람에게 '지금 어디 있는지'를 굳이 물어야 할 까닭이 없는 까닭이다. 이런 질문은 휴대폰이 나온 후에야 일상에서 자리 잡았다.

그림이나 만화에서는 움직이는 대상을 초점이 흔들린 사진처럼 그린다. 고정되어 있지 않은 대상을 사진에 담으면 실제로 그렇게 찍히기 때문이다. 이런 표현 기법 또한 사진이 나온 후에야 출현했다. 그전까지는 움직임도 정지된 한순간의 모습으로 그렸다.

이렇듯 새로운 과학 기술은 우리의 언어와 생활을 바꾸어 놓곤 한다. 프랑스의 철학자 엘자 고다르(Elsa Godart, 1978~)는 인터넷과 SNS의 발달이 우리의 '자아'조차도 바꾸어 놓았다고 주장한다. 이제 사람들은 현실의 나보다 사이버 공간에서의 나, 즉 '가상 정체성'을 가꾸는 데 더 공을 들인다. 무슨 말까?

엄마 배 속같이 편안한 SNS 세상?

프로이트(Sigmund Freud, 1856~1939)에 따르면, 우리가 매일 잠을 자는 이유는 태어나기 전 엄마 배 속에 있던 상태로 돌아가기 위해서라고 한다. 삶이 너무 고통스럽고 버겁기에 출생 이전의 상태로 돌아가 휴식을 취한다는 의미다. SNS에 매달리게 되는 까닭도 이와 다르지 않을 듯싶다.

SNS에서의 프로필 사진, 즉 '프사'는 자신의 가장 이상적이고 아름다운 모습을 추려 내어 올리기 마련이다. 심지어 더 멋지게 보이려고 가공하기조차 한다. 이쯤 되면 왜 많은 이들이 SNS에 빠져 지내는지가 설명될 듯싶다. 현실과 달리 SNS에서의 나는 완벽하고 좋은 모습이 아니던가. 엄마 배 속에서는 모든 환경이 나를 보호해 준다. 게다가 내 뜻대로 되지 않는 일도 없다.

SNS에서의 상황도 다르지 않다. 나는 내가 보고 싶은 것, 듣고 싶은 것만 접하면 되고, 듣기 싫은 의견은 '차단'해 버리면 그만이다. SNS의 알고리즘은 내가 좋아할 만한 것, 친근하게 여길 만한 사람들만 추려서 나에게 보내 준다. 마음에 안 드는 것들이나 사람들과 부대껴야 하는 고통스러운 현실과는 천지 차이다. 한마디로, 엄마 배 속같이 편안한 환경이다.

그래서 많은 이들은 실제 관계보다 SNS에서의 생활을 더 편하게 여기며 애정을 기울이는 듯싶다. 눈앞에 실물로 존재하는 상대보다 스마트폰 화면 속 대화창에 눈을 두고 있는 모습을 보는 게 이제 어렵지 않다. 하지만 이런 변화가 과연 바람직할까?

프로이트에 따르면 성숙이란 나와 다른 욕구와 생각을 가진 사람들이 있음을, 나아가 세상은 내 뜻대로 돌아가지 않는다는 사실을 받아들이는 과정이다. 어린아이는 자신의 바람을 채울 수 없을 때 울음을 터뜨리며 막무가내로 조르곤 한다. SNS에서의 풍경도 다르지 않다. SNS에서는 혐오와 모욕이 넘쳐난다. 자신의 생각이 옳다고 확신에 차 외치며, 이를 흔드는 상대에 대해서는 모욕이나 차단으로 맞선다. 일상에서는 말로 차마 꺼내지 못할 험악한 댓글들도 얼마나 많은가? 찬찬히 따져 보면 '땡깡'을 부리는 미숙한 어린아이와 별다르지 않은 모습이다.

유명함이 위대함을 대신하다

1968년, 팝 아티스트 앤디 워홀은 "미래에는 누구나 15분 동안 명성을 누릴 수 있다."는 유명한 주장을 펼쳤다. 흔히 '15분간의 명성'이라 불리는 이 말은 우리에게 충분히 현실성 있게 다가온다. 현대는 '유명함'이 '위대함'을 대신하는 까닭이다.

예전에는 위대한 업적을 이루어야 유명해질 수 있었다. 지금은 이슈를 만들어 인터넷에서 실시간 검색어 순위에 오르기만 하면 누구나 유명해진다. 실제로 인기 유튜버들이 올리는 동영상들을 살펴보면 먹방, 소소한 일상 등 위대함과는 거리가 먼 내용들이 적지 않다. 그러나 이렇게 얻은 명성은 결국 자신의 삶을 갉아먹을 뿐이다.

아이가 원하는 것을 모두 들어주는 것은 아이를 망치는 지름길이다. 인터넷 공간에서도 마찬가지다. 남들이 눌러 주는 '좋아요' 개수에 매달리며 사람들의 관심을 끌 만한 거리를 끊임없이 찾는 모습은 인정 욕구에 휘둘리는 '중2병' 환자의 처지와 크게 다르지 않아 보인다.

자크 아탈리(Jacques Attali, 1943~)는 현대인은 누구나 '투명성의 독재'에서 벗어날 수 없다고 잘라 말한다. 인터넷은 수많은 감시의 눈이 번득이는 투명한 공간이다. 제아무리 자신을 멋지게 포장해서 인터넷에 올려놓는다 해도, 누구라도 감추고픈 진짜 나의 모습을 언제든 밝혀낼 수 있다. 때문에 자기가 보여주고픈 '거짓 자기'를 아무리 정교하게 만들어도, 마음속 불안과 초조함은 사라지지 않는다. 다른 이들의 평가에 더욱 예민해지며, 감정적으로 격하게 반응하는 일도 많아진다. 다시 말해, 인터넷의 가상 자아에 공을 들이면 들일수록 자신은 완벽하고 위대한 사람이며 세상은 내 뜻대로 돌아가야 한다는 나르시시즘에서 벗어나지 못한다. 이런 상태는 늘 일상을 불안과 초조로 물들이며 삶을 불행으로 이끌 뿐이다.

가상 정체성의 시대, 바람직한 대비 방법은?

유명 축구 감독 퍼거슨은 "SNS는 인생의 낭비다."라는 유명한 말을 했다. SNS를 통해 사람들에게 좋은 인상을 남기려고 애를 쓰는 선수와, 그 시간에 '위대한 플레이어'가 되기 위해 운동

장에서 땀을 흘리는 축구 선수를 견주어 보라. 앤디 워홀의 말대로, 누구나 15분 동안은 유명해질 수 있다. 그러나 지속적으로 명성을 얻으며 위대해질 수는 없다. 인터넷 시대에도 세상을 지배하는 명품들 대부분은 여전히 아날로그적이다. 그렇다면 가상 정체성의 시대, 미래를 어떻게 대비해야 할까?

심지 굳고 단단한 인생을
살고 싶다면

되도록 짧게, 올곧은 말을 하라

리디아의 왕 크로이소스는 허세가 심했다. 아테네의 지도자 솔론(기원전 638?~기원전 558?)이 그를 찾아왔을 때, 크로이소스는 온갖 금은보화를 늘어놓으며 으스대었다. 아부를 모르는 강직한 사람인 솔론은 왕의 자랑을 당차게 되받아친다.

"리디아의 왕이시여, 우리 아테네인들은 인생이 변화무쌍하다는 사실을 잘 알고 있습니다. 그래서 오늘 부귀영화를 누린다 해서 거들먹거리지 않으며, 다른 이들의 행복을 질투하지도 않습니다."

왕의 표정은 굳어져 버렸다. 썰렁해진 분위기, 곁에 있던 우화 작가 이솝이 솔론에게 속삭였다.

"솔론 선생님, 왕과 이야기할 때는 되도록 짧게, 좋아할 만한 말을 골라서 해야 합니다."

이에 솔론은 당당하게 대꾸했다.

"아니지요. 왕과 이야기할 때도 되도록 짧게, 올곧은 말을 해야 하는 겁니다."

이상은 『플루타르코스 영웅전』에 나오는 일화다. 솔론은 고대 그리스 시대 7현인(賢人) 가운데 으뜸으로 꼽힌다. 솔론의 "되도록 짧게, 올곧은 말을 하라."는 대답 속에는 철학자가 갖추어야 할 덕목이 오롯이 담겨 있다.

"너 자신을 알라."(킬론)

"극단을 삼가라."(클레오불로스)

"착한 사람이 되는 것은 어려운 일이다."(피타코스)

"대부분의 인간은 악한 존재이다."(비아스)

232

고대 그리스 시대 일곱 명의 현자들이 남긴 명언들이다. 그들의 가르침은 짧고 강렬하다. 왜 그들은 간단하고 굵게 이야기했을까? 그 이유는 전달 수단이 마뜩잖았다는 점에도 있었다. 교통이 불편하고 기록 수단도 변변치 않은 상황, 길고 정교하게 주장을 펼쳤다가는 뜻한 바가 제대로 전해지기 어려웠을 테다.

더 중요한 이유는 필요 없는 말은 안 할수록 좋다는 믿음에 있었을 것이다. 진리는 단순명료하다. 군이 구질구질하게 변명을 늘어놓을 필요가 없다. 입에 발린 말로 상대가 듣고 싶은 말을 하지 말고, 상대가 꼭 들어야 할 진리를 이야기하라. "되도록 짧게, 올곧은 말을 하라."는 솔론의 주장이 의미하는 바다.

최초의 철학자 탈레스

7현인 가운데는 탈레스(Thales, 기원전 624~기원전 545)도 있다. 그는 '최초의 철학자'로 꼽히는 인물이다. 하지만 전해 오는 그의 주장은 "만물의 근원은 물이다.", "지구는 물 위에 떠 있다.", "세상의 모든 것은 신으로 가득 차 있다."는 세 마디뿐이다. 도대체 탈레스를 최초의 철학자로 일컫는 이유는 무엇일까?

탈레스는 지금의 터키 땅에 있던 그리스 식민 도시인 밀레투스 사람이다. 밀레투스는 국제 무역이 활발했던 도시로 수많은 외국인들이 섞이던 곳이었다. 아마도 그곳 분위기는 지금의 뉴욕과 비슷할 듯싶다. 활기차게 교류가 이루어지는 곳에서는 자유로운 생각이 꽃피곤 한다. 대대손손 모여 사는 시골 마을에서 "조상 대대로 내려오던 방식"이라는 한마디는 새로운 제안을 뭉개버릴 만큼 힘이 세다. 사회 구성원 모두가 전통을 함께 나누고 있기 때문이다.

그러나 새로 생긴 식민 도시에는 전통이랄 게 없다. 누가 더 옳은지는 전례(典例)와 관습이 가려 주지 못한다. 토론과 설득, 행동과 결과를 통해 드러날 뿐이다. 철학도 다르지 않다. 철학자들에게는 오랫동안 그래 왔다는 사실은 설득의 이유가 되지 못한다. '왜' 그래야 하는지, 어떤 결과를 낳게 되는지 고개가 끄덕여질 만큼 분명해야 한다. 이를 위해서는 허점 없는 논리와 검증 과정이 필요하다.

탈레스는 이 모두를 해냈던 사람이다. 전해 오는 이야기에 따르면, 그는 일식을 정확하게 예측했다. 시간의 흐름에 따라 그

림자 길이가 달라진다는 점에서 아이디어를 얻어 피라미드의
높이도 재었다고 한다. 탈레스에게는 정확한 근거와 논리를 통
해 옳고 그름을 가려내는 능력이 있었다. 이 점이 탈레스를 '최
초의 철학자'로 꼽는 이유다.

피지스의 아르케

더 중요한 점은 탈레스가 "만물의 근원은 물"이라고 주장
했다는 사실에 있다. 그는 처음으로 피지스(physis)의 아르케
(arche)를 밝히려 했던 사람이다. '피지스의 아르케'는 우리말
로 '세상 만물의 근본 원리' 정도로 옮길 수 있겠다.

짐승은 눈앞에 닥친 일만 신경 쓸 뿐, 왜 이런 일이 벌어졌는
지는 따져 묻지 못한다. 예컨대, 비바람이 몰아칠 때 짐승들은
허둥지둥 피할 곳을 찾을 따름이다. 현명한 사람들은 다르다.
"왜 비바람이 칠까?"를 물으며 이를 이겨 낼 방법 또한 찾아보
려 한다.

원인을 알면 두려움은 사라진다. "세상 만물의 근본 원리"

를 깨우친다면, 어떤 일이 벌어질지도 예측할 수 있다. 탈레스가 '피지스의 아르케'를 캐물었다는 사실은 그래서 중요하다. 이 점에 있어서는 소크라테스도 다르지 않았다. 소크라테스는 "인간다운 처신이란 무엇인가?"를 끊임없이 묻고 다녔던 사람이다.

세상을 살다 보면 어찌 해야 할지 모르는 경우가 숱하게 생긴다. '인간다움의 원리'를 안다면, 어떻게 행동해야 할지 몰라 주저하는 일은 없다. 나아가 옳지 못한 일에는 자신 있게 "그렇지 않다."고 말할 수 있을 것이다.

탈레스에게는 아마도 '왕따 기질'이 있었던 듯싶다. 어느 날 그는 발을 헛디뎌 웅덩이에 빠지고 말았다. 세상의 이치를 궁리하느라 넋이 빠진 채 걷고 있었던 탓이다. 이를 바라보고 있던 트라키아 하녀가 깔깔 웃으며 말했다.

"세상의 이치를 궁리하신다면서 정작 눈앞의 고난은 못 보시는군요!"

이 말을 듣고 탈레스가 부끄러움을 느꼈다는 기록은 어디에도 없다. 또 진리를 찾아 거리를 쏘다니며 토론을 벌이던 소크라테스는 평생 가난하게 살았지만 전혀 주눅 들지 않았다. 힘

있는 자들이 죽이겠다고 협박을 할 때에도, 소크라테스는 눈 하나 깜짝하지 않았다. 그들의 당당함이 어디서 나오는지는 묻지 않아도 분명하다. 그들은 눈에 보이는 것, 내 앞에 닥친 현실이 전부가 아니라는 사실을 잘 알고 있었기 때문이다. 독립투사들은 현실의 온갖 어려움을 달게 받아들였다. 역사가 나아갈 방향이 어디이고, 자신이 해야 할 일은 무엇인지에 대해 굳은 확신을 갖고 있었던 까닭이다. 이들의 삶은 눈앞의 손익에 일희일비하는 여느 사람들의 생활과는 '클라스'가 다르다.

심지 굳고 단단한 인생을 살고 싶다면

물론, "만물의 근원은 물이다."라는 탈레스의 주장은 틀렸다. 소크라테스가 옳다고 믿었던 인생의 길이 과연 맞았는지 역시 분명하지 않다. 중요한 사실은 그들의 주장이 맞는지 틀린지를 놓고 언제든 논쟁을 벌일 수 있다는 점이다. 이를 철학자 칼 포퍼(K. Popper, 1902~1994)는 반증 가능성(falsifiability)이라 부른다.

잘못된 신앙은 반론을 인정하지 않는다. IS 같은 테러 집단이 황당하고 무서운 이유다. 그러나 철학자들은 진리를 좇으면서도 늘 자신의 주장이 틀릴 수 있음을 안다. 그래서 기꺼이 대화하려 한다. 그러는 가운데 오류는 점점 사라지고 진리는 조금씩 모습을 드러낸다. 겸손은 철학자들이 반드시 갖추어야 할 덕목이다.

솔론은 겸허했지만 의연했다. 그는 사탕발림의 말 대신 상대가 꼭 알아야 할 지혜를 주저함 없이 펼쳤다. 최초의 철학자 탈레스도 마찬가지였다. 최초의 철학자가 보여 준 삶의 자세와 우리 시대 철학하는 이들에게 요구되는 삶의 태도는 다르지 않다. 현실에 휘둘리지 않는 심지 굳고 단단한 인생을 살고 싶다면 최초의 철학자들의 가르침에 귀를 기울여야 한다.

철학으로 휴식하라

회복과 치유를 위한 33일간의 철학 세러피

2020년 4월 16일 1판 1쇄
2022년 8월 31일 1판 5쇄

지은이 안광복

편집 정은숙·박주혜 **디자인** 김민해
제작 박흥기 **마케팅** 이병규·양현범·이장열 **홍보** 조민희·강효원

인쇄 천일문화사 **제책** J&D바인텍

펴낸이 강맑실 **펴낸곳** (주)사계절출판사
등록 제406-2003-034호 **주소** (우)10881 경기도 파주시 회동길 252
전화 031)955-8588, 8558 **전송** 마케팅부 031)955-8595 편집부 031)955-8596
홈페이지 www.sakyejul.net **전자우편** skj@sakyejul.com
블로그 blog.naver.com/skjmail **페이스북** facebook.com/sakyejul
트위터 twitter.com/sakyejul

ⓒ 안광복, 2020

ISBN 979-11-6094-655-0 03100